网络通信系统集成

主　编　张纯嫣
副主编　冼晨光　刘运琦
参　编　刘天一　张明岐　刘晟典

中国电力出版社
CHINA ELECTRIC POWER PRESS

内 容 提 要

本书是全国"深化高技能人才培训基地建设项目"中重要成果之一。本书共分为 6 个主体模块，围绕网络系统基础配置、网络系统综合配置、防火墙的配置、无线网络配置、卫星及有线电视系统和园区网络系统集成进行展开，知识技能结构由浅入深，符合现阶段智能建筑行业主流技术要求与发展需要。

本书可作为高职高专院校"楼宇自动控制设备安装与维护"专业及相关相近专业的教学用书，也可以为广大智能建筑行业的专业技术人员及通信技术爱好者提供参考。

图书在版编目（CIP）数据

网络通信系统集成 / 张纯嫣主编 . —北京：中国电力出版社，2023.8（2024.6 重印）
ISBN 978-7-5198-7857-3

Ⅰ . ①网… Ⅱ . ①张… Ⅲ . ①网络通信－通信系统－系统集成技术 Ⅳ . ① TN915

中国国家版本馆 CIP 数据核字（2023）第 088465 号

出版发行：中国电力出版社
地　　址：北京市东城区北京站西街 19 号（邮政编码 100005）
网　　址：http://www.cepp.sgcc.com.cn
责任编辑：孙　静
责任校对：黄　蓓　常燕昆
装帧设计：郝晓燕
责任印制：吴　迪

印　　刷：固安县铭成印刷有限公司
版　　次：2023 年 8 月第一版
印　　次：2024 年 6 月北京第二次印刷
开　　本：787 毫米×1092 毫米　16 开本
印　　张：6.5
字　　数：156 千字
定　　价：30.00 元

前　言

随着社会的发展与进步，信息网络已成为现代社会的一个标签。党的十九大报告中曾提出"数字中国、网络强国、智慧社会"三大目标，强调新型工业化和信息化的融合，同时智慧城市建设在全国也广受重视，围绕城市的移动互联网、大数据、云计算、物联网等应用在城市管理和服务方面显现出明显成效。在国家风向标的驱动下，各产业无论是发展趋势还是核心技术等方面也开始向网络化、数字化方向靠拢。

北京作为国家首都，遵循国家战略导向，围绕全国科技创新中心建设，立足"三城一区"主平台，聚焦"绿色、集约、智能"产业发展方式和"减重、减负、减量"的发展要求，选取了新一代信息技术和信息服务等十个产业作为重点发展的高精尖产业，工作重心的偏移使得网络通信领域异常火爆，但技术技能人才缺口却与日俱增。

为了迎接这一挑战，协助弥补人才空缺，本书以网络通信系统构建作为信息技术和信息服务的基础，涵盖了路由交换、网络安全、无线通信、卫星及有线电视等技术，通过直观的描述使读者能够对网络中的基础知识有一个较为清晰的理解。本书从网络体系结构、基础网络构建、综合网络构建、防火墙、无线网络构建等方面对现在常见的网络结构进行说明，同时结合思科（CISCO）模拟器进行实操部分的练习，以任务引领的形式，在学习知识的同时激发学生的岗位意识和自身成就感，难度层层递进，理论与实践紧密结合。与此同时，本书知识点、技能点内容明确，在注重知识结构系统性的同时，强调技能的掌握以及内容的实用性和针对性，内容中大量内容来自企业现场真实案例，作者将实际工程现场中的项目进行教学化处理，学生通过实践获得知识，突出岗位素养和职业能力的培养，紧密贴合工学结合的一体化教学。

本书由张纯嫣任主编，冼晨光、刘运琦任副主编。编写分工为：前言部分由张纯嫣、冼晨光编写，第一、二章由张纯嫣、刘天一编写，第三～五章由张纯嫣、冼晨光、刘运琦编写，第六章由冼晨光、刘晟典编写，第七章由张纯嫣、刘运琦编写，第八章由冼晨光、刘运琦、张明岐编写。

编者自工作以来始终探寻职业教育的发展规律，致力于职业教育事业，本书若能为渴望学习网络相关知识的读者起到一定的帮助，那将是作者的荣幸。如本书有不足之处，敬请各位专家、老师和广大读者不吝赐教。

编　者
2023 年 6 月

目　　录

第一章 网络基础知识

计算机网络体系结构可以从网络体系结构、网络组织、网络配置三个方面来描述。网络体系结构是从功能上来描述计算机网络结构；网络组织是从网络的物理结构和网络的实现两方面来描述计算机网络；网络配置是从网络应用方面来描述计算机网络的布局，硬件、软件和通信线路来描述计算机网络。

网络协议是计算机网络必不可少的，一个完整的计算机网络需要有一套复杂的协议集合，组织复杂的计算机网络协议的最好方式就是层次模型，而将计算机网络层次模型和各层协议的集合定义为计算机网络体系结构。

一、OSI 模型

国际标准化组织（International Standards Organization，ISO）在 20 世纪 80 年代提出开放系统互联参考模型（open system interconnection，OSI），这个模型将计算机网络通信协议分为七层，是一个七层、抽象模型体，不仅包括一系列抽象的术语或概念，也包括具体的协议，是一个用于计算机或通信系统间互联的标准体系。

OSI 定义了网络互连的七层框架：物理层、数据链路层、网络层、传输层、会话层、表示层、应用层。七层框架如图 1-1 所示。

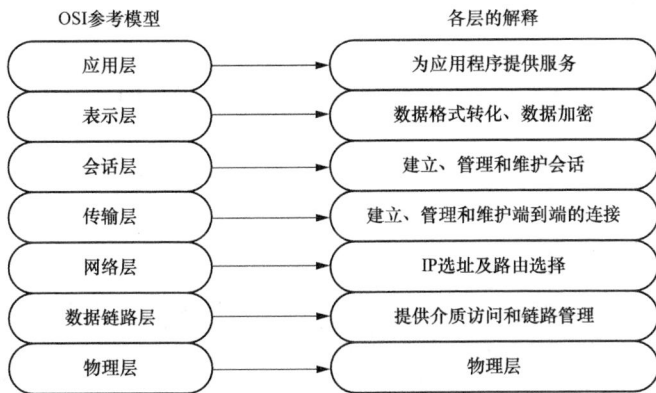

OSI参考模型	各层的解释
应用层	为应用程序提供服务
表示层	数据格式转化、数据加密
会话层	建立、管理和维护会话
传输层	建立、管理和维护端到端的连接
网络层	IP选址及路由选择
数据链路层	提供介质访问和链路管理
物理层	物理层

图 1-1 七层框架

每一层实现各自的功能和协议，并完成与相邻层的接口通信。OSI 的服务定义详细说明了各层所提供的服务。某一层的服务就是该层及其下各层的一种能力，通过接口提供给更高一层。各层所提供的服务与这些服务是怎么实现的无关。

从最顶层—应用层开始介绍，整个过程以公司 A 和公司 B 的一次商业报价单发送为例子进行讲解。

1. 应用层（application layer）

应用层作为用户访问网络的接口层，给应用进程提供了访问 OSI 环境的手段。其作用是在实现应用进程相互通信的同时，完成一系列业务处理所需的服务功能。当然这些服务功能与所处理的业务有关。

应用进程使用 OSI 定义和通信功能，这些通信功能是通过 OSI 参考模型各层实体来实现的。应用实体是应用进程利用 OSI 通信功能的唯一窗口，按照应用实体间约定的通信协议（应用协议），传送应用进程的要求，并按照应用实体的要求在系统间传送应用协议控制信息，有些功能可由表示层和表示层以下各层实现。

应用实体由一个用户元素和一组应用服务元素组成。用户元素向应用进程提供多种形式的应用服务调用，而每个用户元素实现一种特定的应用服务使用方式。用户元素屏蔽应用的多样性和应用服务使用方式的多样性，简化了应用服务的实现。应用进程完全独立于 OSI 环境，通过用户元素使用 OSI 服务。

应用服务元素可分为两类，公共应用服务元素（CASE）和特定应用服务元素（SASE）。公共应用服务元素是用户元素和特定应用服务元素公共使用的部分，提供通用的最基本的服务，使不同系统的进程相互联系并有效通信，包括联系控制元素、可靠传输服务元素、远程操作服务元素等；特定应用服务元素提供满足特定应用的服务，包括虚拟终端、文件传输和管理、远程数据库访问、作业传送等。对于应用进程和公共应用服务元素来说，用户元素具有发送和接收能力；对特定服务元素来说，用户元素是请求的发送者，也是响应的最终接收者。

OSI 参考模型中最靠近用户的一层，是为计算机用户提供应用接口，也为用户直接提供各种网络服务。常见应用层的网络服务协议有：HTTP、HTTPS、FTP、POP3、SMTP 等。

例如：S 公司的老板就是我们所述的用户，而他要发送的商业报价单，就是应用层提供的一种网络服务，当然，老板也可以选择其他服务，比如说，发一份商业合同或发一份询价单等。

2. 表示层（presentation layer）

表示层的目的是处理信息传送中数据表示的问题。由于不同厂家的计算机产品常使用不同的信息表示标准，例如在字符编码、数值表示、字符等方面存在着差异，如果不解决信息表示上的差异，通信的用户之间就不能互相识别。因此，表示层要完成信息表示格式转换，转换可以在发送前，也可以在接收后，也可以要求双方都转换为某标准的数据表示格式。所以表示层的主要功能是完成被传输数据表示的解释工作，包括数据转换、数据加密和数据压缩等，同时为用户提供执行会话层服务原语的手段；提供描述负载数据结构的方法；管理当前所需的数据结构集和完成数据的内部与外部格式之间的转换。

例如：公司 A 和公司 B 是不同国家的公司，他们之间商定统一用英语作为交流的语言，所以此时表示层的功能就是将应用层的传递信息转翻译成英语，同时为了防止别的公司看到，公司 A 的人也会对这份报价单做一些加密的处理。

3. 会话层（session layer）

会话是指两个用户进程之间的一次完整通信。会话层提供不同系统间两个进程建立、维护和结束会话连接的功能；提供交叉会话的管理功能，有一路交叉、两路交叉和两路同时会话的 3 种数据流方向控制模式。会话层是用户连接到网络的接口。

（1）会话层主要功能。会话层的目的是提供一个面向应用的连接服务。

建立连接时，将会话地址映射为传输地址。会话连接和传输连接有三种对应关系，一个会话连接对应一个传输连接；多个会话连接建立在一个传输连接上；一个会话连接对应多个传输连接。

数据传送时，可以进行会话的常规数据、加速数据、特权数据和能力数据的传送。

会话释放时，允许正常情况下的有序释放；异常情况下由用户或服务提供者发起异常释放。

（2）会话活动。会话服务用户之间的交互对话可以划分为不同的逻辑单元，每个逻辑单元称为活动。每个活动完全独立于它前后的其他活动，且每个逻辑单元的所有通信不允许分隔开。

会话活动由会话令牌来控制，保证会话有序进行。会话令牌分为四种，数据令牌、释放令牌、次同步令牌和主同步令牌。令牌是互斥使用的会话服务手段。

会话用户进程间的数据通信一般采用交互式的半双工通信方式。由会话层给会话服务用户提供数据令牌来控制常规数据的传送，有数据令牌的会话服务用户才可发送数据，另一方只能接收数据；当数据发完之后，就将数据令牌转让给对方，对方也可请求令牌。

例如：会话层的同事拿到表示层的同事转换后的资料（会话层的同事类似公司的外联部），会话层的同事可能会掌握本公司与其他好多公司的联系方式，他们要管理本公司与外界好多公司的联系会话。这里公司就是实际传递过程中的实体，当接收到表示层的数据后，会话层将会建立并记录本次会话，找到公司 B 的地址信息，然后将整份资料放进信封，并写上地址和联系方式；然后将资料寄出；等到确定公司 B 接收到此份报价单后，此次会话就算结束了，外联部的同事就会终止此次会话。

4. 传输层（transport layer）

从传输层向上的会话层、表示层、应用层都属于端—端的主机协议层。传输层是网络体系结构中最核心的一层，传输层将实际使用的通信子网与高层应用分开。从传输层开始，各层通信全部是在源与目标主机上的各进程间进行的，通信双方可能经过多个中间节点。传输层为源主机和目标主机之间提供性能可靠、价格合理的数据传输，具体实现上是在网络层的基础上再增添一层软件，使之能屏蔽掉各类通信子网的差异，向用户提供一个通用接口，使用户进程通过该接口，方便地使用网络资源并进行通信。

传输层独立于所使用的物理网络，提供传输服务的建立、维护和连接拆除的功能；选择网络层提供的最适合的服务。传输层接收会话层的数据，分成较小的信息单位，再送到网络层，实现两传输层间数据的无差错透明传送。

传输层提供面向连接和无连接两种类型的服务，这两种类型的服务和网络层的服务非常相似。传输层提供这两种类型服务的原因是因为用户不能对通信子网加以控制，无法通过使用通信处理机来改善服务质量。传输层提供比网络层更可靠的端—端间数据传输，更完善的查错纠错功能。传输层之上的会话层、表示层、应用层都不包含任何数据传送的功能。通常说的 TCP（传输控制协议）、UDP（用户数据报协议）就是在这一层。端口号即是这里的"端"。可以将传输层比喻成公司中的负责快递邮件收发的人，负责将上一层的要寄出的资料投递到快递公司或邮局。

5. 网络层（net work layer）

广域网络一般都划分为通信子网和资源子网，物理层、数据链路层和网络层组成通信子网，网络层是通信子网的最高层，完成对通信子网的运行控制。同时网络层也会利用本层和数据链路层、物理层两层的功能向传输层提供服务。

IP 层通过 IP 寻址来建立两个节点之间的连接，为源端的运输层送来的分组，选择合适的路由和交换节点，正确无误地按照地址传送给目的端的运输层，这一层就是我们经常说的

IP 协议层（IP 协议是 Internet 的基础）。

例如：网络层就相当于快递公司庞大的快递网络，全国不同的集散中心之间的快递运输。比如从深圳发往北京的顺丰快递（陆运为例），首先要到顺丰的深圳集散中心，从深圳集散中心再送到武汉集散中心，再从武汉集散中心寄到北京顺义集散中心。每个集散中心，就相当于网络中的一个 IP 节点。

6. 数据链路层（data link layer）

数据链路层为网络层相邻实体间提供传送数据的功能和过程；提供数据流链路控制；检测和校正物理链路的差错。物理层不考虑位流传输的结构，而数据链路层主要职责是控制相邻系统之间的物理链路，传送数据以帧为单位，规定字符编码、信息格式、约定接收和发送过程，数据链路层能够在发送端处理送回的确认帧，保证数据帧传输和接收的正确性，以及发送和接收速度的匹配、流量控制等。

数据链路层能够从物理连接上传输的比特流中，识别出数据链路服务数据单元的开始和结束，同时识别出比特流中的每个字段，实现正确的接收和控制，并能按发送的顺序传输到相邻结点。其中的数据链路层协议可分为面向字符的通信协议和面向比特的通信协议。面向字符的通信协议是利用控制字符控制报文的传输。报文由报头和正文两部分组成。报头用于传输控制，包括报文名称、源地址、目标地址、发送日期以及标识报文开始和结束的控制字符；正文则为报文的具体内容。目标节点对收到的源节点发来的报文，进行检查，若正确，则向源节点发送确认的字符信息；否则发送接收错误的字符信息。面向比特的通信协议是以帧为传送信息的单位，帧分为控制帧和信息帧。在信息帧的数据字段（即正文）中，数据为比特流。比特流用帧标志来划分帧边界，帧标志也可用作同步字符。

7. 物理层（physical layer）

物理层建立在物理通信介质的基础上，作为系统和通信介质的接口，用来实现数据链路实体间透明的比特（bit）流传输。只有物理层为真实物理通信，其他各层为虚拟通信。物理层实际上是设备之间的物理接口，物理层传输协议主要用于控制传输媒体。

物理层提供与通信介质的连接，提供为建立、维护和释放物理链路所需的机械的、电气的、功能的和规程的特性，提供在物理链路上传输非结构的位流以及故障检测指示；物理层向上层提供位（bit）信息的正确传送。

二、IP 地址

IP 协议是 TCP/IP 协议簇中的一个重要协议，由国际互联网信息中心进行分配。IP 地址就是主机在网络中的身份证号，可以用来在网络中标识主机并判断主机在网络中相应的位置。IP 协议分为 IPv4 和 IPv6 两个版本。IPv4 协议规定 IP 地址由 32 位（bit）二进制数组成，写成四个十进制的数。IP 地址分为网络地址和主机地址两部分，可以理解为类似人的姓和名。网络地址用来判断各主机是否在同一子网中，主机地址用来区别子网内的主机；可以用子网掩码来确定 IP 地址中哪些位是网络地址，哪些位是主机地址。而 IPv6 是互联网工程任务组设计的用于替代 IPv4 的下一代 IP 协议。IPv6 不仅能解决网络地址资源数量的问题，而且还解决了多种接入设备连入互联网的障碍问题，并且具有更大的地址空间和更高的安全性。

三、子网掩码

1. 子网掩码的概念

子网掩码是一个 32 位地址，用于屏蔽 IP 地址的一部分以区别网络标识和主机标识并说明该 IP 地址是在局域网上还是在远程网上。

2. 确定子网掩码数

子网掩码数用于子网掩码的位数取决于可能的子网数目和每个子网的主机数目。在定义子网掩码前，必须弄清楚原来使用的子网数和主机数目。

定义子网掩码的步骤如下：

确定哪些组的地址可以使用。例如申请到的网络号为"210.73.a.b"，该网络地址为 B 类 P 地址，网络标识为"210.73"，主机标识为"a.b"。

3. IP 掩码的标注

（1）无子网的标注法。对无子网的 IP 地址，可写成主机号为 0 的掩码。如 IP 地址为 210.73.140.5，掩码为 255.255.255.0，也可以默认掩码，只写 IP 地址。

（2）有子网的标注法有子网时，一定要二者配对出现。以 C 类地址为例：IP 地址中的前三个字节表示网络号，后一个字节既表明子网号，又说明主机号还可以说明两个 IP 地址是否属于同一个网段。如果属于同一网络区间，这两个地址间的信息交换就不通过路由器；如果不属同一网络区间，也就是子网号不同，两个地址的信息交换就要通过路由器进行。例如，对于 IP 地址为 210.73.140.5 的主机来说，主机标识为 00000101；对于 IP 地址为 210.73.140.16 的主机来说，主机标识为 00010000，以上两个主机标识的前面三位全是 000，说明这两个 IP 地址在同一个网络区域中。

掩码的作用是说明有子网和有几个子网，但子网数只能表示为一个范围，不能确切表明具体有几个子网，掩码不能说明具体子网号。有子网的掩码格式（对 C 类地址）为主机标识前几位为子网号，后面不写主机，全写 0。

四、拓扑结构图

拓扑结构图指由网络节点设备和通信介质构成的网络结构图。在选择拓扑结构时，主要考虑的因素有：安装的相对难易程度、重新配置的难易程度、维护的相对难易程度、通信介质发生故障时受到影响的设备情况等。

1. 拓扑结构图基本术语

（1）节点，即网络单元，是网络系统中的各种数据处理设备、数据通信控制设备和数据终端设备。节点分为：转节点，作用是支持网络的连接，通过通信线路转接和传递信息；访问节点，是信息交换的源点和目标。

（2）链路，即两个节点间的连线。链路分"物理链路"和"逻辑链路"两种，前者指实际存在的通信连线；后者指在逻辑上起作用的网络通路。链路容量指每个链路在单位时间内可接纳的最大信息量。

（3）通路，即从发出信息的节点到接收信息的节点之间的一串节点和链路。也就是说，通路是一系列穿越通信网络而建立起的节点到节点的链路。

2. 拓扑图含义

拓扑结构图指由网络节点设备和通信介质构成的网络结构图。网络拓扑定义了各种计算机、打印机、网络设备和其他设备的连接方式。换句话说，网络拓扑描述了线缆和网络设备的布局以及数据传输时所采用的路径。网络拓扑会在很大程度上影响网络如何工作。

3. 常见网络拓扑结构

拓扑结构通常有总线型、星型、环型、树型、网状型、混合型六种。

（1）总线型结构。总线型结构是比较普遍采用的一种方式，将所有的入网计算机均接入到一条通信线上，为防止信号反射，一般在总线两端连有终结器匹配线路阻抗。总线结构的优点是信道利用率较高，结构简单，价格相对便宜；缺点是同一时刻只能有两个网络节点相互通信，网络延伸距离有限，网络容纳节点数有限，在总线上只要有一个点出现连接问题，会影响整个网络的正常运行。目前在局域网中多采用此种结构。

（2）星型结构。星型结构是以一个节点为中心的处理系统，各种类型的入网机器均与该中心节点有物理链路直接相连。星型结构的优点是结构简单、建网容易、控制相对简单；缺点是属集中控制，主节点负载过重，可靠性低，通信线路利用率低。

（3）环型结构。环型结构是将各台联网的计算机用通信线路连接成一个闭合的环，每台设备都直接连到环上，或通过一个接口设备和分支电缆连到环上。在初始安装时，环型拓扑网络比较简单，随着网上节点的增加，环形拓扑重新配置的难度也增加，因此对环的最大长度和环上设备总数有所限制。优点是可以很容易地找到电缆的故障点；缺点是受故障影响的设备范围大，在单环系统上出现的任何错误，都会影响网上的所有设备。

（4）树型结构。星型网络拓扑结构的一种扩充便是星型树。每个 Hub 与端用户的连接仍为星型，Hub 的级连而形成树；然而，应当指出，Hub 级连的个数是有限制的，并随厂商的不同而有变化。树型结构是分级的集中控制式网络，与星型相比，通信线路总长度短，成本较低，节点易于扩充，寻找路径比较方便，但除了叶节点及其相连的线路外，任一节点或其相连的线路故障都会使系统受到影响。树型结构的适用场合：只适用于低速、不用阻抗控制的信号，比如在没有电源层的情况下，电源的布线就可以采用这种拓扑。

（5）网状型结构。网状型结构分为全连接网状和不完全连接网状两种形式。全连接网状中，每一个节点和网中其他节点均有链路连接；不完全连接网中，两节点之间不一定有直接链路连接，节点之间的通信，依靠其他节点转接。这种网络的优点是节点间路径多，碰撞和阻塞可大大减少，局部的故障不会影响整个网络的正常工作，可靠性高；网络扩充和主机入网比较灵活、简单；但这种网络关系复杂，建网不易，网络控制机制复杂。广域网中一般用不完全连接网状结构。

（6）混合型拓扑。混合型拓扑就是两种或两种以上的拓扑结构同时使用。优点：可以对网络的基本拓扑取长补短、应用相当广泛、扩展灵活；缺点：网络配置难度大较难维护，且网络速率会随着用户的增多而下降。

第二章 思科模拟器的介绍

为了提高知识的掌握，此书中所有的实训拓扑均使用思科模拟软件（即思科模拟器）来完成。

一、软件介绍

思科模拟（packet tracer）是一套由 Cisco 所设计的网络互联模拟程式。只要在程序内的平面图上布上实验所需设备，即可在个人的电脑上完成模拟的网络配置，使用者也可以在各种设备的图示上做模拟的操作，其操作流程与配置命令几乎和使用一般设备相同，非常方便。

二、软件安装步骤

思科模拟软件安装步骤如图 2-1～图 2-7 所示。

三、思科模拟软件操作界面

思科模拟软件操作界面如图 2-8 所示。

1. 设备及线缆选择

设备选择区的网络设备包括：路由器、交换机、集线器、无线设备、线缆、终端设备、仿真广域网、自定义设备。设备及线缆选择如图 2-9 所示。

图 2-1 思科模拟软件安装步骤 1

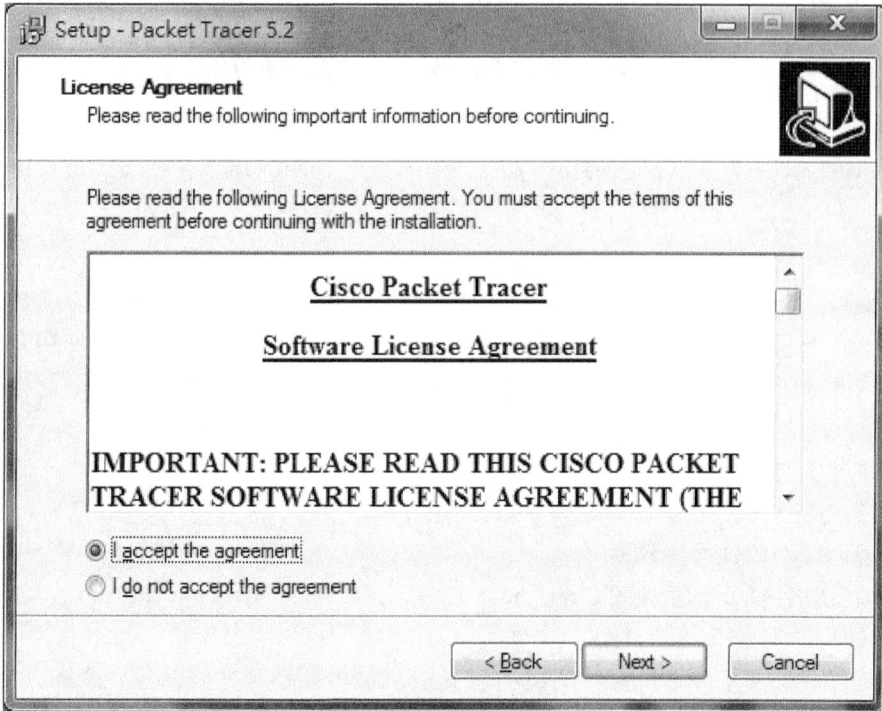

图 2-2　思科模拟软件安装步骤 2

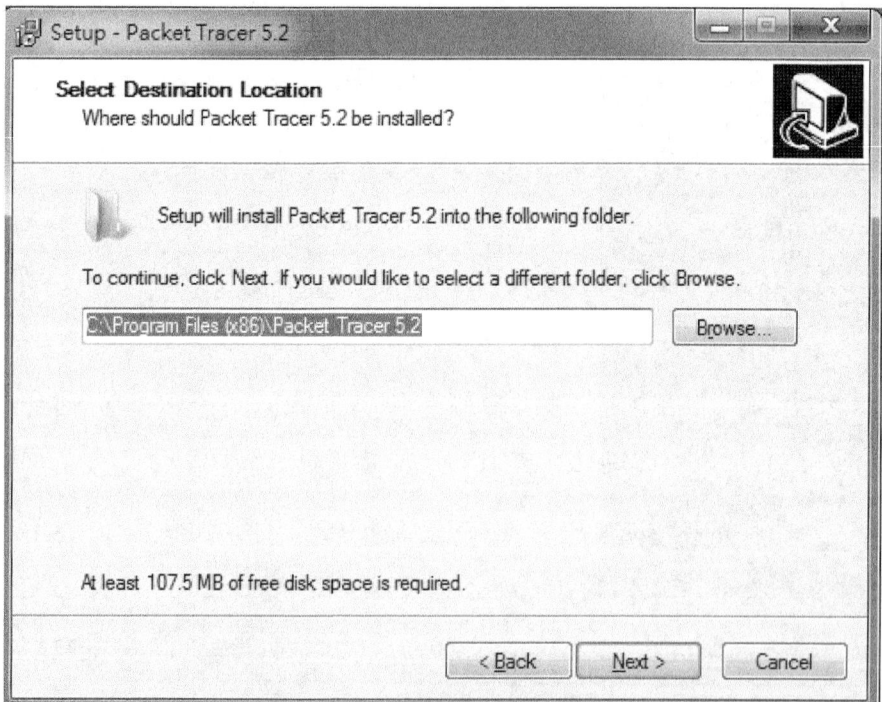

图 2-3　思科模拟软件安装步骤 3

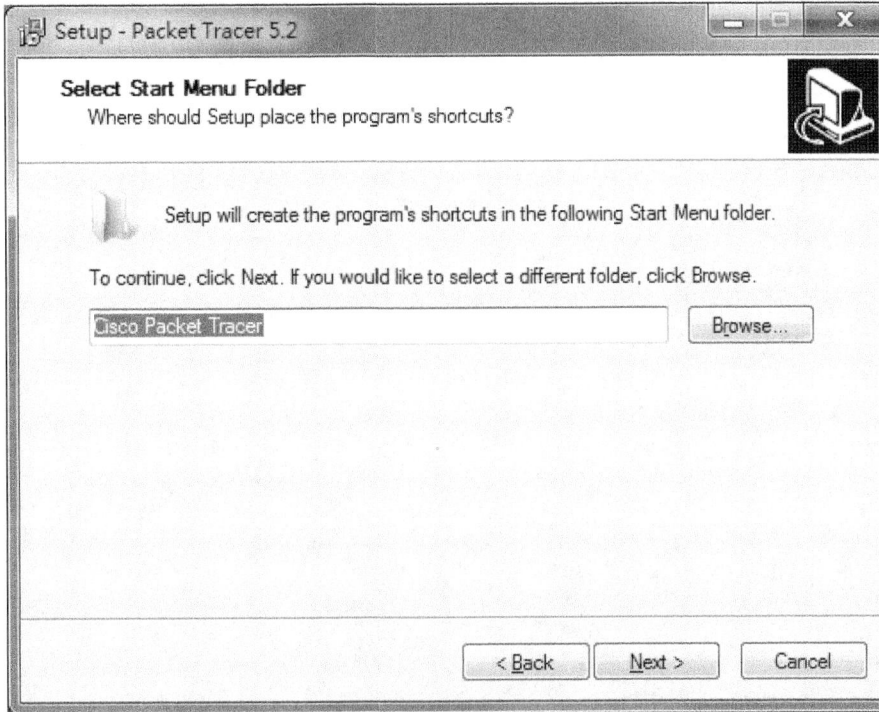

图 2-4　思科模拟软件安装步骤 4

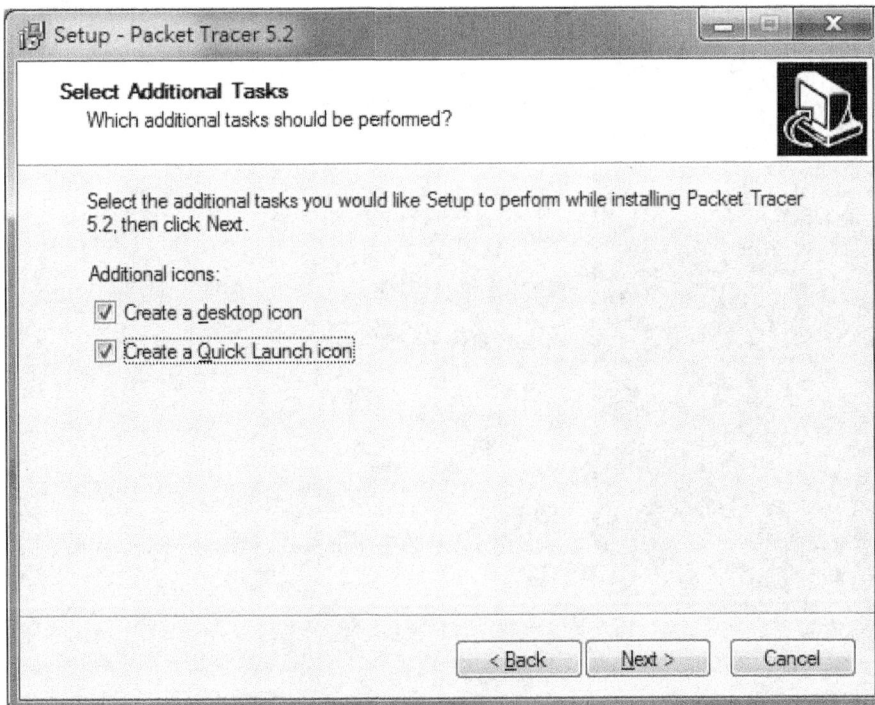

图 2-5　思科模拟软件安装步骤 5

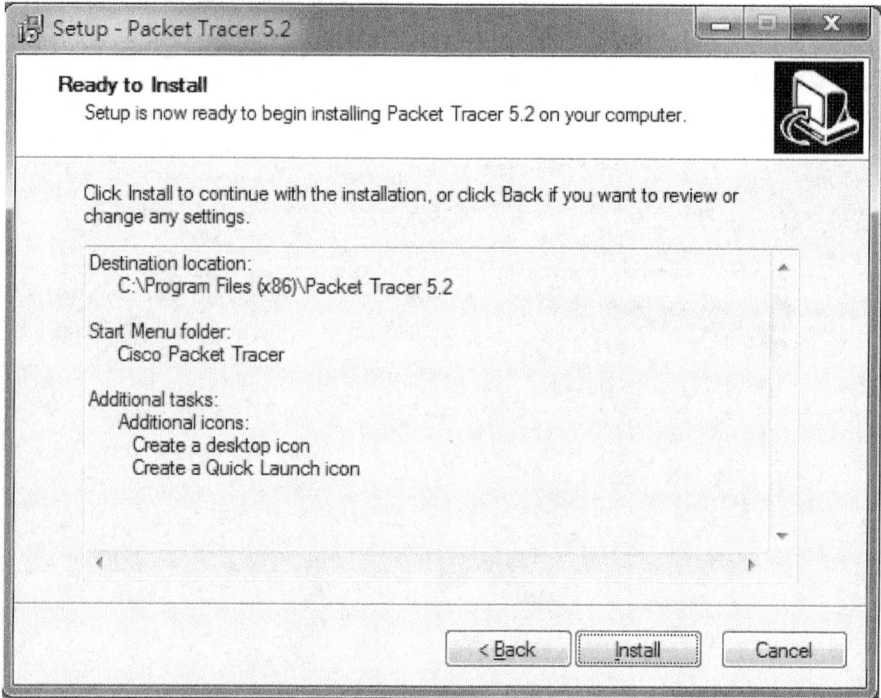

图 2-6　思科模拟软件安装步骤 6

图 2-7　思科模拟软件安装步骤 7

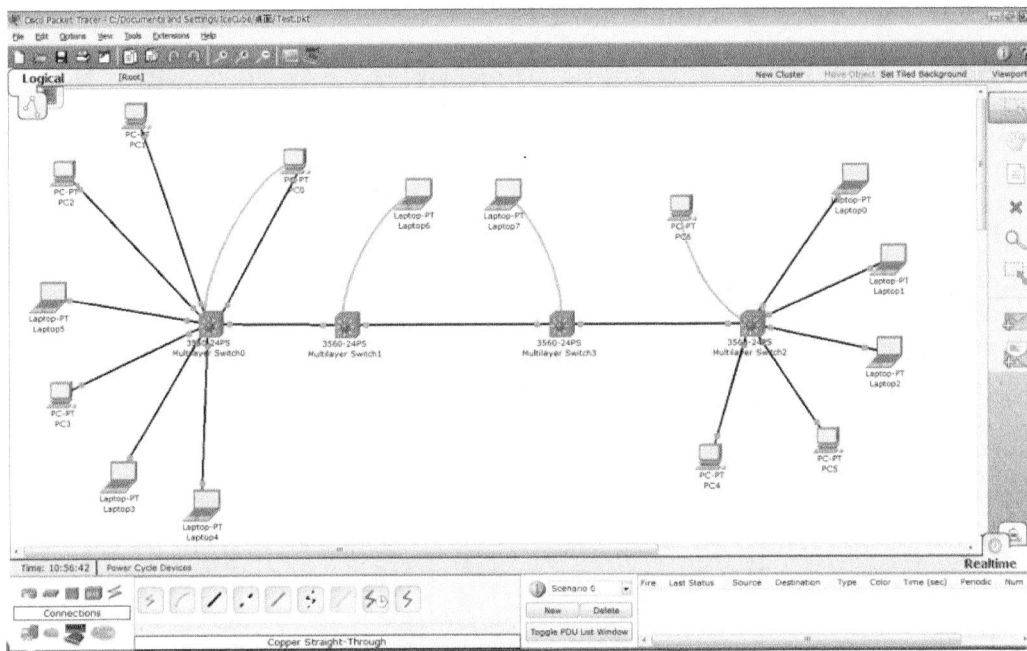

图 2-8　思科模拟软件操作界面

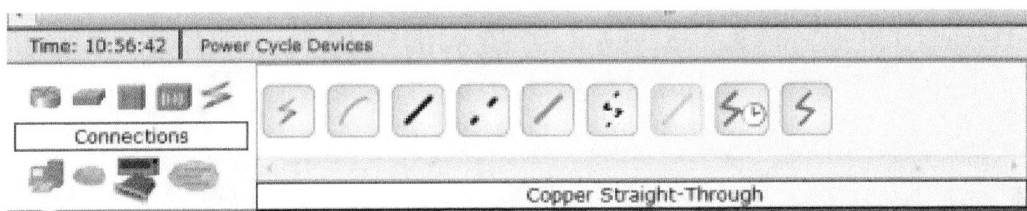

图 2-9　设备及线缆选择

如图 2-9 所示，界面的左下角一块区域，这里有许多种类的硬件设备，从左至右、从上到下依次为路由器、交换机、集线器、无线设备、线缆、终端设备、仿真局域网、用户自定义设备、多用户连接；线缆中，鼠标左键单击线缆，在右边会看到各种类型的线，依次为自动选择连接类型（一般不建议使用，除非你真的不知道设备之间该用什么线）、配置线、直通线、交叉线、光纤、电话线、同轴电缆、无源通信（DCE）串口线、有源通信（DTE）串口线，其中 DCE 和 DTE 是用于路由器之间的连线。

首先，需要用哪个设备的时候，先用鼠标单击一下这个设备，然后在中央的工作区域点进行放置，或者用鼠标将设备直接拖放到工作区。

其次，连接线缆。选择线缆类型，然后在要连接的线的设备上点左键，在弹出列表中选接口，再点另一设备，就能够完成两台设备的端接；连接好线后，可以把鼠标指针移到该连线上，软件会在线缆两端显示接口类型和名称，在配置的时候可以灵活应用。

2. 线缆介绍

不同的拓扑结构所使用的连接线缆也不相同，下面将对常用的几款线缆进行详细说明。

配置线：用来连接计算机的 COM 接口和网络设备的 Console 接口。

　　直通线：使用双绞线两端采用同一种线序标准制作的网线，一般用来连接不同设备之间连线，例如：计算机和交换机、交换机 A 与交换机 B、交换机与路由器。

　　交叉线：使用双绞线两端采用不同线序标准制作的网线，一般用来连接相同设备之间连线，例如：计算机与计算机、计算机与路由器、路由器与路由器。

　　光纤：连接光纤设备。

　　电话线：连接调制解调器或者路由器的 RJ-11 端口的模块。

　　同轴电缆：传输衰减小，传输频带宽。多用于长途干线通信和有线电视系统。

　　DCE/DTE 串口线：用于路由器的广域网接入。需要把 DCE 串口线与一台路由器相连，DTE 串口线与另一台设备相连，但是 Cisco 模拟器中，只需要选一根就可以了，选了 DCE 这一根线，则和这根线相连的路由器为 DCE 端，需要配置该路由器的时钟。

第三章 网络系统基础配置

第一节 交换机虚拟局域网（VLAN）划分

一、交换机的工作原理

1. 交换机工作过程

以太网交换机逻辑结构及工作过程如图 3-1 所示。在图 3-1 中交换机有 4 个端口，其中端口 1、2、3 分别连接节点 A、B、C；端口 4 连接共享的集线器；节点 D、E 共享端口 4。

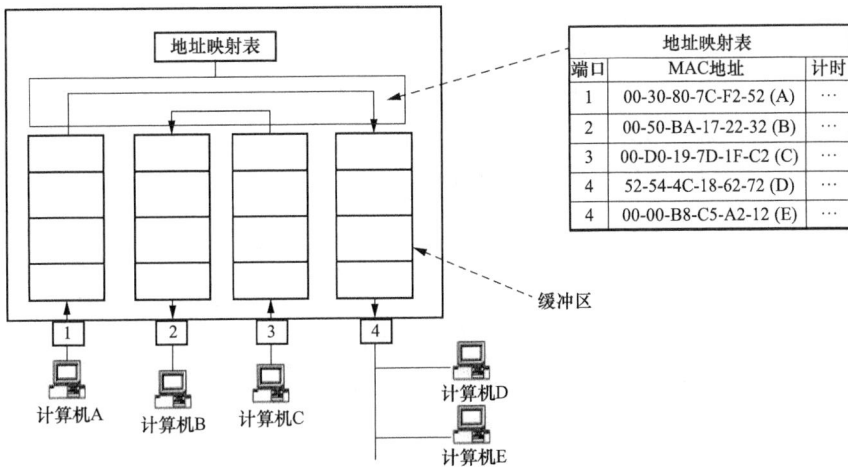

地址映射表		
端口	MAC地址	计时
1	00-30-80-7C-F2-52 (A)	⋯
2	00-50-BA-17-22-32 (B)	⋯
3	00-D0-19-7D-1F-C2 (C)	⋯
4	52-54-4C-18-62-72 (D)	⋯
4	00-00-B8-C5-A2-12 (E)	⋯

图 3-1 交换机工作过程

当节点 A 要向节点 D 发送信息时，节点 A 首先将目的 MAC 地址指向节点 D 的帧发往端口 1；交换机收到该帧，在检测到其目的 MAC 地址后，在交换机端口地址映射表中查到节点 D 所在的端口号 4；交换机端口 1 与端口 4 建立一条连接，将端口 1 接收到的信息转发到端口 4。同理，可以建立端口 3 与端口 2 之间的连接。由此，在端口 1 与 4 及端口 3 与 2 之间建立了两条并发连接，实现数据的并发转发和交换。

2. 交换机地址学习

交换机利用"地址学习"动态建立和维护端口/MAC 地址映射表，即通过读取帧的源地址并记录帧进入交换机的端口，建立端口/MAC 地址映射表。当得到 MAC 地址与端口的对应关系后，交换机检查地址映射表中是否已经存在该对应关系，若不存在，则将其加入到地址映射表；若已经存在，则更新该表项。

二、交换机的分类

1. 按工作的协议层次分类

（1）二层交换机。二层交换机能够识别数据包中的 MAC 地址信息，然后根据 MAC 地址进行数据包的转发，并将这些 MAC 地址与对应的端口记录在内部的地址列表中。

（2）三层交换机。三层交换技术又称为多层交换技术、IP 交换技术等，相对于二层交换技术根据数据链路层地址信息进行交换的特点，三层交换技术在网络层实现了数据包的高速转发，检查数据包信息，并根据网络层目标地址（IP 地址）转发数据包。

（3）四层交换机。四层交换机工作于 OSI（open system interconnect）参考模型的第四层，即传输层。四层交换机在决定传输时不仅仅依据 MAC 地址（数据链路层信息）或源/目标 IP 地址（网络层信息），也可以直接面对网络中的具体应用，通过分析数据包中的 TCP/UDP（传输层信息）应用端口号，四层交换机可以做出向何处转发数据流的智能决定。

2. 按是否支持网管分类

（1）网管型交换机。网管型交换机的任务就是使所有的网络资源处于良好的状态。网管交换机支持网络管理，具有端口监控、划分虚拟局域网（virtual local area network，VLAN）等普通交换机不具备的特性。

网管型交换机产品提供了基于终端控制口（Console）、基于 Web 页面以及支持 Telnet 远程登录网络等多种网络管理方式。因此，网络管理人员可以对该交换机的工作状态、网络运行状况进行本地或远程的实时监控，全面地管理所有交换端口的工作状态和工作模式。

（2）非网管型交换机。非网管型交换机不支持网络管理，无法通过管理端口执行监控交换机端口、划分 VLAN、设置 Trunk 端口等功能。

三、VLAN 的基本概念

VLAN 指在交换局域网的基础上，通过配置交换机创建的可跨越不同网段、不同网络的逻辑网络。一个 VLAN 便是一个逻辑子网（即一个逻辑广播域）。可以覆盖多个网络，允许处于不同地理位置的网络用户加入到一个逻辑子网中。

IEEE 定义了两种 VLAN 标准，即 IEEE 802.10 和 IEEE 802.1Q。IEEE 802.10 标准曾经在全球范围内作为 VLAN 安全性的统一规范，1996 年 3 月，IEEE 802.1 Internet Working 委员会结束了对 VLAN 初期标准的修订工作，提出了新的 VLAN 标准，完善了 VLAN 的体系结构，统一了帧标志（frame tagging）方式中不同厂商的标签格式，并制定了 VLAN 的发展方向。IEEE 于 1998 年完成了 IEEE 802.1Q 标准，开创了 VLAN 发展的新局面。

四、划分方式

1. 静态配置 VLAN 方式

通过网络管理员的人为干涉，交换机端口被分配到 VLAN，因此具有静态的特征。每一个交换机端口会接收到一个端口 VLAN ID（PVID），随后将 PVID 和 VLAN 号码相关联从而实现 VLAN 的静态配置。在 1 台单独的交换机上端口可以分配或者聚集许多 VLAN。此方式有很好的安全性，但灵活性较差。

2. 动态配置 VLAN 方式

动态 VLAN 提供以端用户设备的 MAC 地址为基础的成员。当 1 台设备连接到交换机端口的时候，这台交换机必须有效地查询数据库来建立 VLAN 成员。网络管理者必须把用户 MAC 地址分配到一个在 VLAN 成员策略服务器（VMPS）数据库中的 VLAN。

五、常见的划分方法

1. 基于端口划分

根据以太网交换机的端口来划分 VLAN，是将 VLAN 交换机上的物理端口和 VLAN 交换机内部的 PVC 端口分成若干组，每组构成一个虚拟网，相当于一个独立的 VLAN 交换机。这种划分方法的优点是定义 VLAN 成员时非常简单，只要将所有的端口都定义为相应的 VLAN 组即可；缺点是如果某用户离开了原来的端口，必须重新定义 VLAN。

2. 基于 MAC 划分

根据每台主机的 MAC 地址来划分 VLAN，是对每个 MAC 地址的主机都配置其隶属的 VLAN 组，VLAN 交换机跟踪属于 VLAN MAC 的地址。这种方式的 VLAN 允许网络用户从一个物理位置移动到另一个物理位置时自动保留其所属 VLAN 的成员身份。这种 VLAN 划分方法的优点是，当用户物理位置移动时，VLAN 不用重新配置；缺点是初始化时，所有的用户都必须进行配置，交换机的执行效率较低。

3. 基于网络层协议划分

按网络层协议来划分，可分为 IP、IPX、DECnet、AppleTalk、Banyan 等 VLAN 网络。这种按网络层协议组成的 VLAN 可使广播域跨越多个 VLAN 交换机。这种划分方法的优点是灵活性大，根据网络协议识别用户和组，当用户的物理位置改变时，不需要重新配置所属的 VLAN；主要缺点是交换机的执行效率低。

4. 基于 IP 组播划分

根据 IP 组播组实现 VLAN 划分，每个组播组形成一个 VLAN 单元。这种划分方法将 VLAN 扩大到了广域网，因此具有很大的灵活性，主要适合于不在同一地理范围的用户使用，但不适合在局域网中使用；主要问题是交换机的执行效率太低。

5. 按策略划分 VLAN

基于策略组成的 VLAN 能实现多种分配方法，包括 VLAN 交换机端口、MAC 地址、IP 地址、网络层协议等。网络管理人员可根据自己的管理模式和本单位的需求来决定选择哪种类型的 VLAN。

6. 按用户定义/非用户授权划分 VLAN

基于用户定义/非用户授权来划分 VLAN，是指为了适应特别的 VLAN 网络，根据具体的网络用户的特别要求来定义和设计 VLAN，并可以让非 VLAN 群体用户访问 VLAN，但是需要提供认证密码，在得到 VLAN 管理的认证后才可以加入一个 VLAN。

实训 1：远程登录与 VLAN 的配置

通过 VLAN 的划分完成局域网的搭建，并建立远程登录，简化管理难度，实训要求 PC1 与 PC2 可以互通，而与 PC3 不可互通，管理员 PC0 可通过密码账号登录交换机随时进行管理，远程登录与 VLAN 的配置拓扑图如图 3-2 所示。

添加设备：拖拽 1 台二层交换机 2960 和 4 台电脑。

要求：对 PC0 设置远程登录配置，对二层交换机 2960 进行 VLAN 的划分配置。

```
Switch>enable                              ！进入特权模式
Switch#conf terminal                       ！进入全局配置模式
Switch(config)#enable password 123456      ！设置特权模式密码
Switch(config)#interface VLAN 1            ！进入,配置 VLAN 1
Switch(config-if)#IP address 192.168.1.1 255.255.255.0
                                           ！设置 IP、子网掩码
```

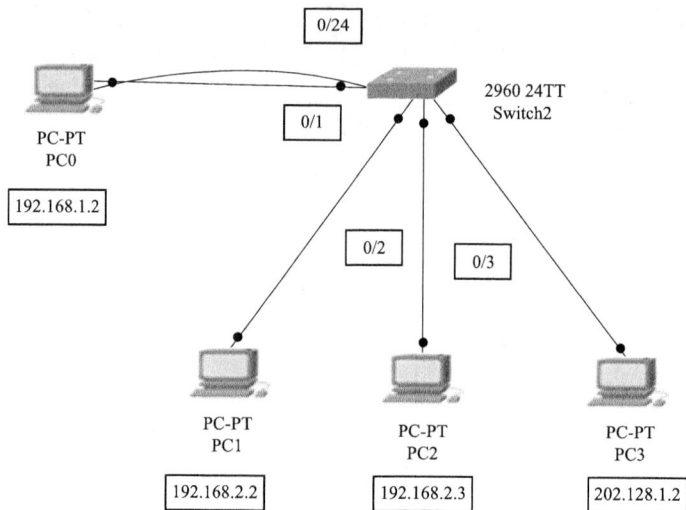

图 3-2　远程登录与 VLAN 的配置拓扑图

Switch(config-if)♯no shutdown	! 开启端口
Switch(config-if)♯exit	! 退出,返回至全局配置模式
Switch(config)♯line vty 0 4	! 进入 0 到 4 号 telnet 会话
Switch(config-line)♯password 666666	! 配置 vty 端口密码
Switch(config-line)♯login	! 对 tenlet 密码做验证
Switch(config-line)♯exit	! 退出,返回至全局配置模式
Switch(config)♯exit	! 退出,返回至特权模式
Switch♯write	! 保存
Building configuration...	! 配置中
[OK]	
Switch♯conf t	! 进入全局配置模式
Switch(config)♯VLAN 10	! 创建 VLAN 10
Switch(config-VLAN)♯exit	! 退出,返回至全局配置模式
Switch(config)♯VLAN 20	! 创建 VLAN 20
Switch(config-VLAN)♯exit	! 退出,返回至全局配置模式
Switch(config)♯in f0/1	! 进入 f0/1 端口
Switch(config-if)♯switchport access VLAN 10	
	! 将 f0/1 端口编入 VLAN 10
Switch(config-if)♯exit	! 退出,返回至全局配置模式
Switch(config)♯in f0/2	! 进入 f0/2 端口
Switch(config-if)♯switchport access VLAN 10	
	! 将 f0/2 端口编入 VLAN 10
Switch(config-if)♯exit	! 退出,返回至全局配置模式
Switch(config)♯in f0/3	! 进入 f0/3 端口
Switch(config-if)♯switchport access VLAN 20	

	！将 f0/3 端口编入 VLAN 20
Switch(config-if)♯exit	！退出,返回至全局配置模式
Switch(config)♯interface VLAN 10	！进入,配置 VLAN 10
Switch(config-if)♯IP address 192.168.2.1 255.255.255.0	
	！设置 IP、子网掩码
Switch(config-if)♯no shutdown	！开启端口
Switch(config-if)♯exit	！退出,返回至全局配置模式
Switch(config)♯interface VLAN 20	！进入,设置 VLAN 20
Switch(config-if)♯IP address 202.128.1.1 255.255.255.0	
	！设置 IP、子网掩码
Switch(config-if)♯no shutdown	！开启端口

PC1 的 IP 设置如图 3-3 所示。

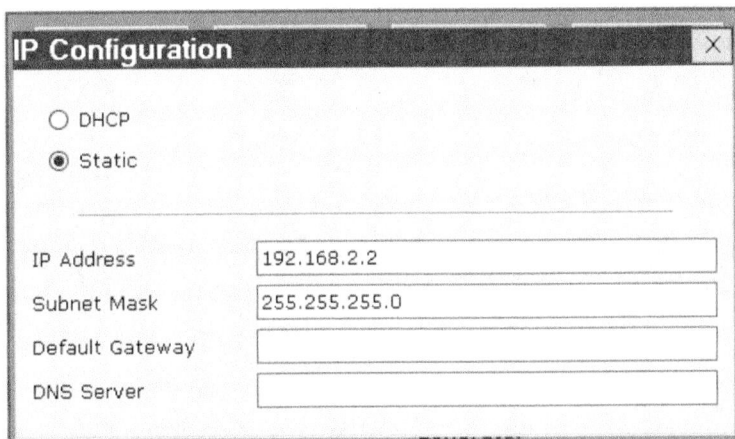

图 3-3 PC1 的 IP 设置

PC2 的 IP 设置如图 3-4 所示。

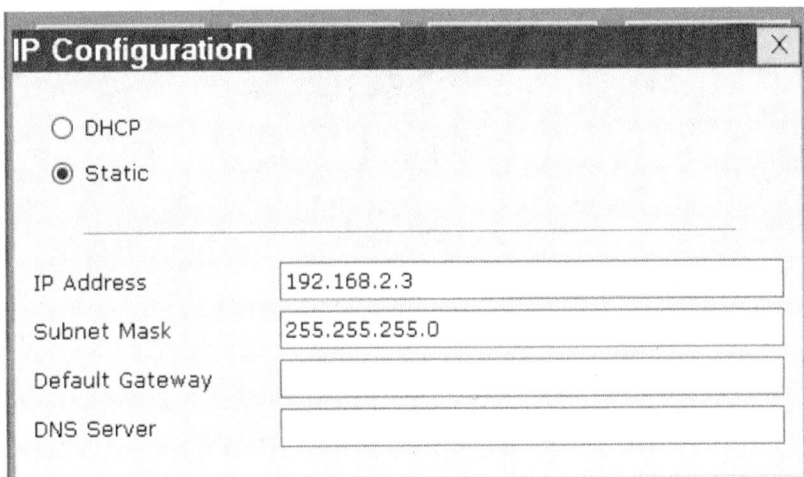

图 3-4 PC2 的 IP 设置

PC3 的 IP 设置如图 3-5 所示。

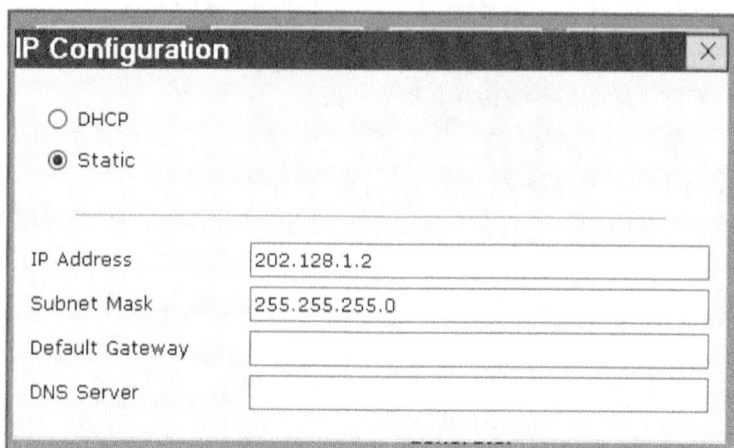

图 3-5　PC3 的 IP 设置

超级终端参数设置如图 3-6 所示。

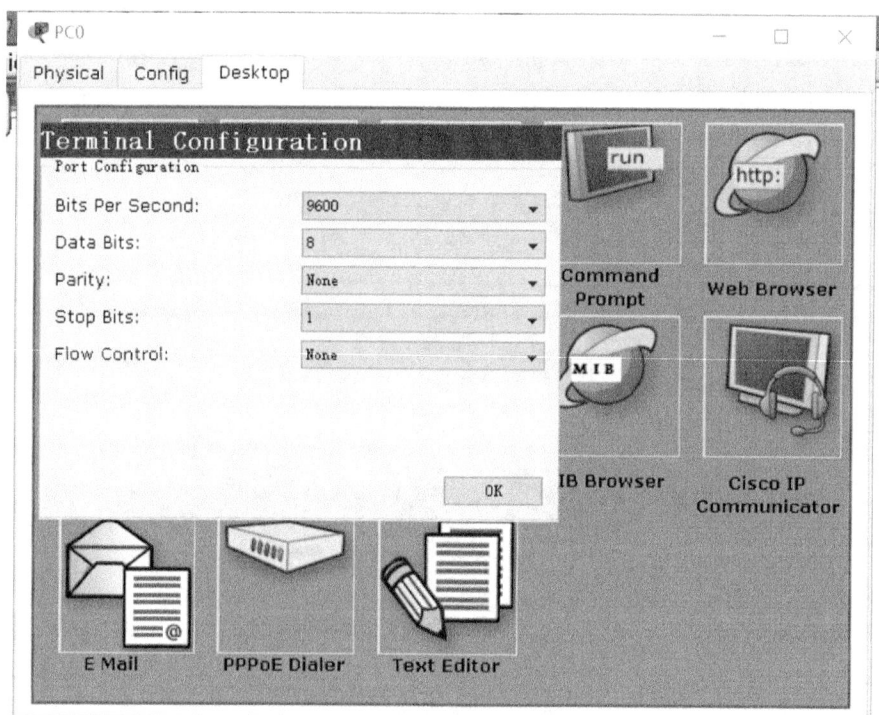

图 3-6　超级终端参数设置

检测远程登录命令如图 3-7 所示。

检测 VLAN 功能如图 3-8 所示。

检测结果如图 3-9 所示。

结论：相同 VLAN 下的数据可以互通，不同 VLAN 下的数据不能互通。

```
PC>telnet 192.168.1.1
Trying 192.168.1.1 ...Open


User Access Verification

Password:
Password:
Switch>ena
Password:
Switch#conf t
Enter configuration commands, one per line.  End with CNTL/Z.
Switch(config)#
```

图 3-7　远程登录命令

```
PC>ping 202.128.1.2

Pinging 202.128.1.2 with 32 bytes of data:

Request timed out.
Request timed out.
Request timed out.
Request timed out.

Ping statistics for 202.128.1.2:
    Packets: Sent = 4, Received = 0, Lost = 4 (100% loss),

PC>
```

图 3-8　检测 VLAN 功能

```
Command Prompt                                                    X

  Packet Tracer PC Command Line 1.0
  PC>ping 192.168.2.2

  Pinging 192.168.2.2 with 32 bytes of data:

  Reply from 192.168.2.2: bytes=32 time=109ms TTL=128
  Reply from 192.168.2.2: bytes=32 time=62ms TTL=128
  Reply from 192.168.2.2: bytes=32 time=63ms TTL=128
  Reply from 192.168.2.2: bytes=32 time=47ms TTL=128

  Ping statistics for 192.168.2.2:
      Packets: Sent = 4, Received = 4, Lost = 0 (0% loss),
  Approximate round trip times in milli-seconds:
      Minimum = 47ms, Maximum = 109ms, Average = 70ms

  PC>
```

图 3-9　检测结果

第二节　三层交换机间的静动态路由

一、路由基本概述

1. 路由的概念

路由指 IP 数据报从源主机传往目的主机的传输路径的过程。路由是对路由器核心工作的概述。

路由动作包括两项基本内容：寻径和转发。寻径即判定到达目的地的最佳路径，由路由选择算法来实现；转发即沿寻径好的最佳路径传送信息分组，转发由相应的路由转发协议实现。

2. 路由算法的相关参数

（1）跳数（hop count）：分组从源节点到达目的节点经过的路由器的个数。

（2）带宽（bandwidth）：链路的传输速率。

（3）延时（delay）：分组从源节点到达目的节点花费的时间。

（4）负载（load）：通过路由器或线路的单位时间通信量。

（5）可靠性（reliability）：传输过程中的误码率。

（6）开销（overhead）：传输过程中的耗费，与所使用的链路带宽相关。

二、路由协议

按照路由路径是否是可变的，可以将路由方式分为静态路由和动态路由两种。

静态路由是具有路由功能的设备中设置的固定路由表。除非网络管理员干预，否则静态路由不会发生变化。静态路由不能对网络的改变作出反映，因此一般用于网络规模不大、拓扑结构固定的网络中。

动态路由是网络中的具有路由功能的设备之间相互通信、传递路由信息、利用收到的路由信息更新路由器表的过程，能实时地适应网络结构的变化。如果路由信息更新，则表明发生了网络变化，路由选择软件就会重新计算路由，并发出新的路由更新信息；这些信息通过网络引起各路由设备重新启动其路由算法，并更新各自的路由表，以动态地反映网络拓扑的变化。动态路由适用于规模大、网络拓扑复杂的网络。当然，各种动态路由协议会不同程度地占用网络带宽和 CPU 资源。

实训 2：三层交换机的静态路由

项目描述：某校有南北两个校区，每个校区各有 1 台三层交换设备支撑网络运行，每个校区中又将网络分为了两个网段，现希望能够通过技术手段将南北两个校区的网络融合起来，彼此相互连通，请完成此项目，参数要求如图 3-10 所示。

添加设备：拖拽 2 台三层交换机和 4 台电脑。

要求：分别在 2 台三层交换机中划分相应的 VLAN 并配置静态路由。

Switch0 的配置命令：

```
Switch>enable                     ! 进入特权模式
Switch#config terminal            ! 进入全局配置模式
Switch(config)#VLAN 10            ! 创建 VLAN 10
```

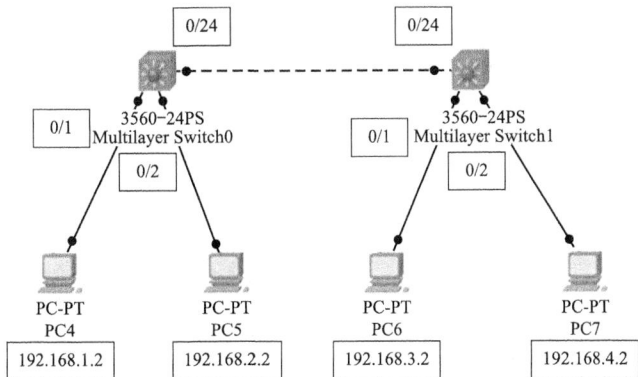

图 3-10 交换机的静态路由拓扑图

Switch(config-VLAN)♯exit	！退出,返回至全局配置模式
Switch(config)♯VLAN 20	！创建 VLAN 20
Switch(config-VLAN)♯exit	！退出,返回至全局配置模式
Switch(config)♯interface f0/1	！进入 f0/1 端口
Switch(config-if)♯switchport access VLAN 10	
	！将 f0/1 端口编入 VLAN 10
Switch(config-if)♯exit	！退出,返回至全局配置模式
Switch(config)♯in f0/2	！进入 f0/2 端口
Switch(config-if)♯switchport access VLAN 20	
	！将 f0/2 端口编入 VLAN 20
Switch(config-if)♯exit	！退出,返回至全局配置模式
Switch(config)♯interface VLAN 10	
	！进入,配置 VLAN 10
Switch(config-if)♯IP address 192.168.1.1 255.255.255.0	
	！设置 IP、子网掩码
Switch(config-if)♯no shutdown	！开启端口
Switch(config-if)♯exit	！退出,返回至全局配置模式
Switch(config)♯interface VLAN 20	
	！进入,配置 VLAN 20
Switch(config-if)♯IP address 192.168.2.1 255.255.255.0	
	！设置 IP、子网掩码
Switch(config-if)♯no shutdown	！开启端口
Switch(config-if)♯exit	！退出,返回至全局配置模式
Switch(config)♯interface VLAN 1	
	！进入,配置 VLAN 1
Switch(config-if)♯IP address 202.128.1.1 255.255.255.0	
	！设置 IP、子网掩码
Switch(config-if)♯no shutdown	！开启端口

Switch(config-if)＃exit　　　　　　　！退出,返回至全局配置模式
Switch(config)＃IP route 192.168.3.0 255.255.255.0 202.128.1.2
　　　　　　　　　　　　　　　　　！设置静态路由
Switch(config)＃IP route 192.168.4.0 255.255.255.0 202.128.1.2
　　　　　　　　　　　　　　　　　！设置静态路由

Switch1 的配置命令:
Switch＞enable　　　　　　　　　　！进入特权模式
Switch＃config terminal　　　　　　！进入全局配置模式
Switch(config)＃VLAN 10　　　　　　！创建 VLAN 10
Switch(config-VLAN)＃exit　　　　　！退出,返回至全局配置模式
Switch(config)＃VLAN 20　　　　　　！创建 VLAN 20
Switch(config-VLAN)＃exit　　　　　！退出,返回至全局配置模式
Switch(config)＃in f0/1　　　　　　！进入 f0/1 端口
Switch(config-if)＃switchport access VLAN 10
　　　　　　　　　　　　　　　　　！将 f0/1 端口编入 VLAN 10
Switch(config-if)＃exit　　　　　　！退出,返回至全局配置模式
Switch(config)＃in f0/2　　　　　　！进入 f0/2 端口
Switch(config-if)＃switchport access VLAN 20
　　　　　　　　　　　　　　　　　！将 f0/2 端口编入 VLAN 20
Switch(config-if)＃exit　　　　　　！退出,返回至全局配置模式
Switch(config)＃interface VLAN 10
　　　　　　　　　　　　　　　　　！进入,配置 VLAN 10
Switch(config-if)＃IP address 192.168.3.1 255.255.255.0
　　　　　　　　　　　　　　　　　！设置 IP、子网掩码
Switch(config-if)＃no shutdown　　！开启端口
Switch(config-if)＃exit　　　　　　！退出,返回至全局配置模式
Switch(config)＃interface VLAN 20
　　　　　　　　　　　　　　　　　！进入,配置 VLAN 20
Switch(config-if)＃IP address 192.168.4.1 255.255.255.0
　　　　　　　　　　　　　　　　　！设置 IP、子网掩码
Switch(config-if)＃no shutdown　　！开启端口
Switch(config-if)＃exit　　　　　　！退出,返回至全局配置模式
Switch(config)＃interface VLAN 1　！进入,配置 VLAN 1
Switch(config-if)＃IP address 202.128.1.2 255.255.255.0
　　　　　　　　　　　　　　　　　！设置 IP、子网掩码
Switch(config-if)＃no shutdown　　！开启端口
Switch(config-if)＃exit　　　　　　！退出,返回至全局配置模式
Switch(config)＃IP route 192.168.1.0 255.255.255.0 202.128.1.1
　　　　　　　　　　　　　　　　　！设置静态路由

Switch(config)♯IP route 192.168.2.0 255.255.255.0 202.128.1.1

! 设置静态路由

PC 配置：IP 与 VLAN 处在同一网段，但子网不同，4 台 PC 均按照此方法设置，PC 的 IP 设置如图 3-11 所示。

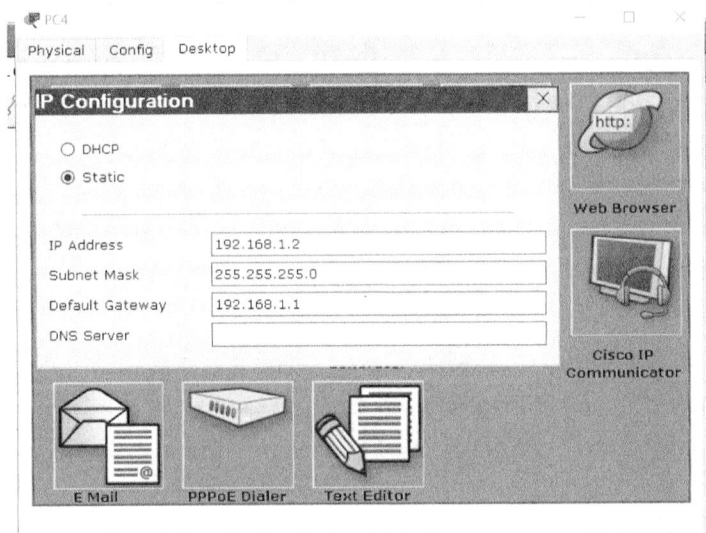

图 3-11　PC 的 IP 设置

检测：4 台 PC 通过 ping 命令检测，均可互通，检测结果如图 3-12 所示。

图 3-12　检测结果

第三节　生成树协议及负载均衡

一、生成树协议（spanning tree protocol，STP）

该协议可应用于在网络中建立树形拓扑，消除网络中的环路，并且可以通过一定的方法实现路径冗余，但不是一定可以实现路径冗余。生成树协议适合所有厂商的网络设备，在配置上和体现功能强度上有所差别，但是在原理和应用效果是一致的。

生成树协议最主要的应用是为了避免局域网中的单点故障、网络回环，解决成环以太网网络的"广播风暴"问题，从某种意义上是一种网络保护技术，可以消除由于失误或者意外带来的循环连接。同时，STP 也提供了网络备份连接的可能，可与同步数字传输体制（SDH）保护配合构成以太环网的双重保护。新型以太单板支持符合 IEEE 802.1d 标准的生成树协议 STP 及 IEEE 802.1w 规定的快速生成树协议快速生成树协议（RSTP），收敛速度可达到 1s。

但是，由于协议机制本身的局限，STP 保护速度慢（即使是 1s 的收敛速度也无法满足电信级的要求），如果在城域网内部运用 STP 技术，用户网络的动荡会引起运营商网络的动荡。目前在 MSTP 组成环网中，由于 SDH 保护倒换时间比 STP 协议收敛时间快得多，系统采用依然是复用段共享保护环（SDH MS-SPRING）或子网连接保护（SNCP），一般倒换时间在 50ms 以内；但测试时部分以太网业务的倒换时间为 0 或小于几个毫秒，原因是内部具有较大缓存。SDH 保护倒换动作对 MAC 层是不可见的。这两个层次的保护可以协调工作，设置一定的"拖延时间"（hold-off），一般不会出现多次倒换问题。

二、负载均衡

建立在现有网络结构之上，负载均衡提供了一种廉价有效透明的方法扩展网络设备和服务器的带宽、增加吞吐量、加强网络数据处理能力、提高网络的灵活性和可用性。

负载均衡（load balance），其意思就是分摊到多个操作单元上进行执行，例如 Web 服务器、FTP 服务器、企业关键应用服务器和其他关键任务服务器等，从而共同完成工作任务。

实训 3：生成树协议与负载均衡

某校区分为南北两个区域，为了降低交换机端口压力，同时为了避免广播风暴的产生，要求在现有的网络结构上加入生成树和负载均衡，某校南北网络结构拓扑图如图 3-13 所示。

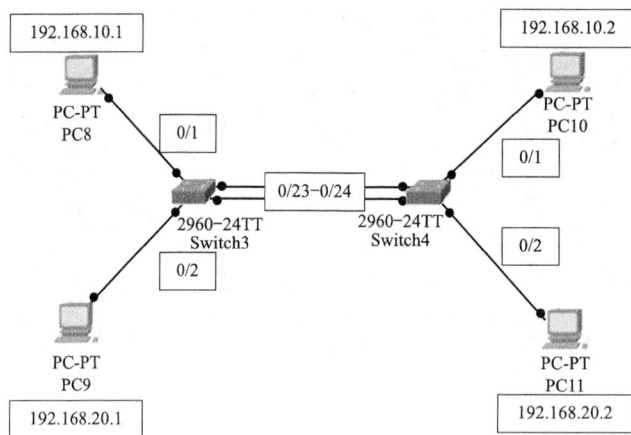

图 3-13　某校南北网络结构拓扑图

添加设备：拖拽 2 台二层交换机 2960 和 4 台电脑。
要求：分别在 2 台二层交换机中配置生成树协议，并运用到所有 VLAN 中。
Switch3 配置：
Switch＞enable　　　　　　　　　　　！进入特权模式
Switch♯config terminal　　　　　　　　！进入全局配置模式

Switch(config)♯VLAN 10	！创建 VLAN 10
Switch(config-VLAN)♯exit	！退出,返回至全局配置模式
Switch(config)♯VLAN 20	！创建 VLAN 20
Switch(config-VLAN)♯exit	！退出,返回至全局配置模式
Switch(config)♯ interface f0/1	！进入 f0/1 端口
Switch(config-if)♯switchport access VLAN 10	
	！将 f0/1 端口编入 VLAN 10
Switch(config-if)♯exit	！退出,返回至全局配置模式
Switch(config)♯ interface f0/2	！进入 f0/2 端口
Switch(config-if)♯switchport access VLAN 20	
	！将 f0/2 端口编入 VLAN 20
Switch(config-if)♯exit	！退出,返回至全局配置模式
Switch(config)♯spanning-tree VLAN 1	！在 VLAN 1 中启用生成树
Switch(config)♯spanning-tree VLAN 10	！在 VLAN 10 中启用生成树
Switch(config)♯spanning-tree VLAN 20	！在 VLAN 20 中启用生成树
Switch(config)♯spanning-tree VLAN 1 root primary	
	！将 VLAN 1 设为生成树协议的根节点
Switch(config)♯spanning-tree VLAN 1 priority 4096	
	！VLAN 1 的优先级为 4096
Switch(config)♯ interface f0/23	！进入 f0/23 端口
Switch(config-if)♯switchport mode trunk	！将端口转换为 trunk 工作模式
Switch(config-if)♯switchport trunk allowed VLAN 10	
	！配置的 trunk 链路允许 VLAN 10 通过
Switch(config-if)♯exit	！退出,返回至全局配置模式
Switch(config)♯ interface f0/24	！进入 f0/24 端口
Switch(config-if)♯switchport mode trunk	！将端口转换为 trunk 工作模式
Switch(config-if)♯switchport trunk allowed VLAN 20	
Switch(config-if)♯exit	！退出,返回至全局配置模式
Switch(config)♯interface VLAN 10	！进入,配置 VLAN 10
Switch(config-if)♯IP address 192.168.10.3 255.255.255.0	
	！设置 IP、子网掩码
Switch(config-if)♯no shutdown	！开启端口
Switch(config-if)♯exit	！退出,返回至全局配置模式
Switch(config)♯interface VLAN 20	！进入,配置 VLAN 20
Switch(config-if)♯IP address 192.168.20.3 255.255.255.0	
	！设置 IP、子网掩码
Switch(config-if)♯no shutdown	！开启端口
Switch4 配置:	
Switch>enable	！进入特权模式

```
Switch # config terminal                            ! 进入全局配置模式
Switch(config) # VLAN 10                             ! 创建 VLAN 10
Switch(config-VLAN) # exit                           ! 退出,返回至全局配置模式
Switch(config) # VLAN 20                             ! 创建 VLAN 20
Switch(config-VLAN) # exit                           ! 退出,返回至全局配置模式
Switch(config) # in f0/1                             ! 进入 f0/1 端口
Switch(config-if) # switchport access VLAN 10
                                                     ! 将 f0/1 端口编入 VLAN 10
Switch(config-if) # exit                             ! 退出,返回至全局配置模式
Switch(config) # in f0/2                             ! 进入 f0/2 端口
Switch(config-if) # switchport access VLAN 20
                                                     ! 将 f0/2 端口编入 VLAN 20
Switch(config-if) # exit                             ! 退出,返回至全局配置模式
Switch(config) # spanning-tree VLAN 1                ! 在 VLAN 1 中启用生成树
Switch(config) # spanning-tree VLAN 10               ! 在 VLAN 10 中启用生成树
Switch(config) # spanning-tree VLAN 20               ! 在 VLAN 20 中启用生成树
Switch(config) # interface VLAN 10                   ! 进入,配置 VLAN 10
Switch(config-if) # IP address 192. 168. 10. 3 255. 255. 255. 0
                                                     ! 设置 IP、子网掩码
Switch(config-if) # no shutdown                      ! 开启端口
Switch(config-if) # exit                             ! 退出,返回至全局配置模式
Switch(config) # interface VLAN 20                   ! 进入,配置 VLAN 20
Switch(config-if) # IP address 192. 168. 20. 3 255. 255. 255. 0
                                                     ! 设置 IP、子网掩码
Switch(config-if) # no shutdown                      ! 开启端口
Switch(config-if) # exit                             ! 退出,返回至全局配置模式
Switch(config) # in f0/23                            ! 进入 f0/23 端口
Switch(config-if) # switchport mode trunk            ! 将端口转换为 trunk 工作模式
Switch(config-if) # switchport trunk allowed VLAN 10
                                                     ! 配置的 trunk 链路允许 VLAN 10 通过
Switch(config-if) # exit                             ! 退出,返回至全局配置模式
Switch(config) # in f0/24                            ! 进入 f0/24 端口
Switch(config-if) # switchport mode trunk            ! 将端口转换为 trunk 工作模式
Switch(config-if) # switchport trunk allowed VLAN 20
                                                     ! 配置的 trunk 链路允许 VLAN 20 通过
Switch(config-if) # exit                             ! 退出,返回至全局配置模式
```

检验：通过负载均衡配置实现 VLAN 10 通信时走 0/23 链路，VLAN 20 通信时走 0/24 链路，VLAN 10 与 VLAN 20 之间不可互通，ping 命令检测如图 3-14 所示。

PC 配置：遵循网段相同子网不同的概念完成 PC 的 IP 设定，因为本次实训没有路由所

以不需要配置网关，PC 的 IP 设置如图 3-15 所示。

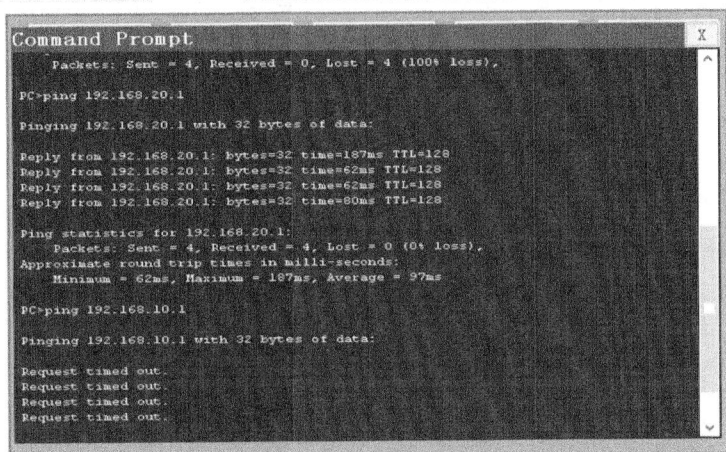

图 3-14　ping 命令检测

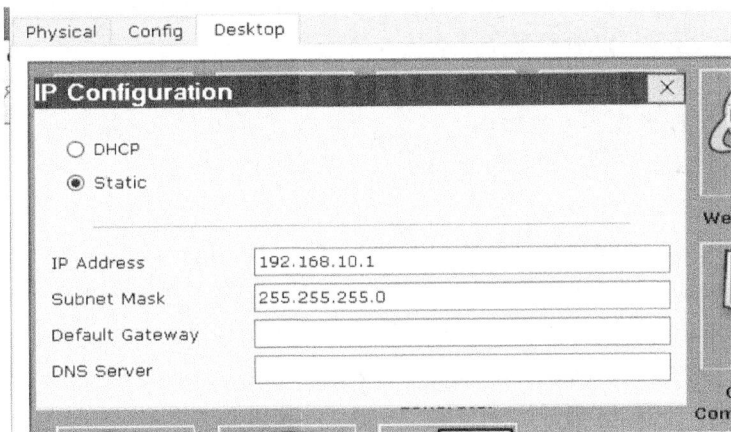

图 3-15　PC 的 IP 设置

第四节　路由器的基本配置

一、路由器基本知识

路由器能实现具有异种子网协议的网络的互连功能；可以实现不同子网间协议转换，包括局域网和广域网；具备路由表的建立、刷新、查找功能；可以利用自己的缓存及流量控制协议适配不同的速率；不转发广播消息，能够防止广播风暴，提高网络安全；可实现主备线路的切换及复杂的流量控制。

路由器适用于大规模的网络，适用于在复杂的网络拓扑结构中提供最优路径。路由器能更好地处理多媒体信息，隔离不需要的通信量，节省局域网的带宽，减少主机负担；但是路由器不支持非路由协议，数据包需要软件处理，容易成为瓶颈，安装和调试比较复杂，相对其他网络互连设备的价格较高。

二、路由器的基本原理

路由器在选择从一个网络到另一个网络的路径时通过下列两步实现：

（1）路由器接收信息分组并读取信息分组中的目的网络地址，并判断该网络地址是否位于该路由器相连的网络上，若是，则直接将信息分组传送给目的网络地址的工作站。

（2）若路由器没有直接连接到目的网络上，则查询其路由选择表，并找出信息分组转发的下一路由器，该路由器应是更靠近信息分组的最终目的地。如果路由表中查找不到目的 IP 地址项，路由器会将数据包送向缺省网关处理，即路由表将不知转向何处的数据包都送向缺省网关。路由器通过逐级传送，最终将数据包送向目的地；对于无法传送的数据包，路由器将丢弃它。

三、路由器类型

1. 按性能分类

路由器按性能档次可分为高、中和低端路由器。低端路由器主要适用于小型网络的 Internet 接入或企业网络远程接入，端口数量和类型、包处理能力都非常有限；中端路由器适用于较大规模的网络，拥有较高的包处理能力，具有较丰富的网络接口，适应较为复杂的网络结构；高端路由器主要应用于大型网络的核心路由器，拥有非常高的包处理性能，并且端口密度高、端口类型多，以适应复杂的网络环境。

通常将背板交换能力大于 40 Gbit/s 的路由器称为高端路由器；背板交换能力在 25 G～40 Gbit/s 之间的路由器称为中端路由器；低于 25 Gbit/s 的是低端路由器。背板交换能力指路由器的接口处理器和数据总线间所能吞吐的最大数据量。

2. 按结构分类

路由器按结构可分为模块化结构路由器和非模块化结构路由器。模块化结构路由器有若干插槽，可以插入不同的接口卡，根据实际需要进行灵活的升级和变动，可扩展性较好，可以灵活地配置路由器，以适应企业不断增加的业务需求；非模块化路由器就只能提供固定的端口，可扩展性较差，一般价格比较便宜。通常中、高端路由器为模块化结构，低端路由器为非模块化结构。

3. 按应用分类

路由器按应用可分为骨干级、企业级、接入级路由器。骨干级路由器是实现企业级网络互联的关键设备，骨干级路由器位于网络中心。企业级路由器连接许多终端系统，连接对象较多，但系统相对简单，且数据流量较小，对这类路由器的要求是以成本最低的方法实现尽可能多的端点互联，同时还要求能够支持不同的服务质量。接入级路由器主要应用于连接家庭或小型企业的局域网。

4. 按协议支持数量划分

路由器能支持的网络协议的数量也是衡量其性能的一个指标，从支持网络协议能力的角度可分为单协议路由器和多协议路由器。通常支持的网络协议越多，则适用范围越广泛，但是价格也越高，目前的路由器基本上都支持 TCP/IP 协议。

5. 从性能上划分

路由器从性能上可分为线速路由器和非线速路由器。所谓"线速路由器"就是完全能够按传输介质带宽进行通畅传输，基本上没有间断和延时。通常线速路由器是高端路由器，具有非常高的端口带宽和数据转发能力，能以媒体速率转发数据包；中低端路由器是非线速路由器。但是一些新的宽带接入路由器也有线速转发能力。

6．从应用功能划分

路由器从应用功能上可分为通用路由器与专用路由器。一般所说的路由器皆为通用路由器；专用路由器通常为实现某种特定功能对路由器接口、硬件等做特定优化。

实训 4：路由器间的静态路由

南北校区的两间办公室各有 1 台公共机，因工作需要现需把 2 台电脑连接起来使其互通，2 台电脑间跨越三个网段，某校网络拓扑图如图 3-16 所示。

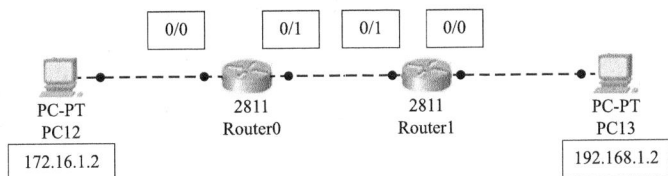

图 3-16　某校网络拓扑图

添加设备：拖拽出 2 台路由器 2811 和 2 台电脑。

要求：完成 2 台路由间的静态路由配置。

Route0 配置：

Router＞enable	！进入特权模式
Router＃config terminal	！进入全局配置模式
Router(config)＃interface f0/1	！·进入 f0/1 端口
Router(config-if)＃IP address 202.128.1.2 255.255.255.0	
	！设置 IP、子网掩码
Router(config-if)＃no shutdown	！开启端口
Router(config-if)＃exit	！退出,返回至全局配置模式
Router(config)＃interface f0/0	！进入 f0/0 端口
Router(config-if)＃IP address 172.16.1.1 255.255.0.0	
	！设置 IP、子网掩码
Router(config-if)＃no shutdown	！开启端口
Router(config)＃IP route 192.168.1.0 255.255.255.0 202.128.1.1	
	！设置静态路由

Route1 配置：

Router＞enable	！进入特权模式
Router＃config terminal	！进入全局配置模式
Router(config)＃interface f0/0	！进入 f0/0 端口
Router(config-if)＃IP address 192.168.1.1 255.255.255.0	
	！设置 IP 地址、子网掩码
Router(config-if)＃no shutdown	！开启端口
Router(config-if)＃exit	！退出,返回至全局配置模式

Router(config)♯interface f0/1　　　　! 进入 f0/1 端口

Router(config-if)♯IP address 202.128.1.1 255.255.255.0

　　　　　　　　　　　　　　　　　! 设置 IP、子网掩码

Router(config-if)♯no shutdown　　　! 开启端口

Router(config-if)♯exit　　　　　　　! 退出,返回至全局配置模式

Router(config)♯IP route 172.16.0.0 255.255.0.0 202.128.1.2

　　　　　　　　　　　　　　　　　! 设置静态路由

检测:通过 ping 命令可以看出 PC12 和 PC13 两台电脑相互连通。

实训 5:路由器间的动态路由(rip)

南北校区的两间办公室各有 1 台公共机,因工作需要现需把 2 台电脑连接起来使其互通,2 台电脑间跨越三个网段,但因网络管理员离职无法获得出口网关,应如何配置,某校网络拓扑图如图 3-17 所示。

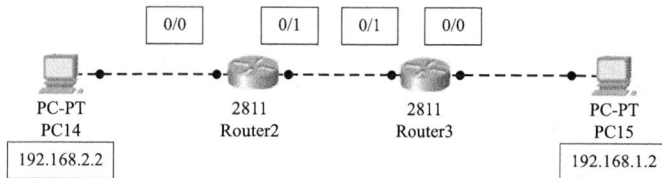

图 3-17　某校网络拓扑图

添加设备:拖拽出 2 台路由器 2811 和 2 台电脑。

要求:完成 2 台路由间的动态路由配置。

Router2 配置:

Router>enable　　　　　　　　　! 进入特权模式

Router♯config terminal　　　　　　! 进入全局配置模式

Router(config)♯interface f0/0　　　! 进入 f0/0 端口

Router(config-if)♯IP address 192.168.2.1 255.255.255.0

　　　　　　　　　　　　　　　　! 设置 IP、子网掩码

Router(config-if)♯no shutdown　　　! 开启端口

Router(config-if)♯exit　　　　　　　! 退出,返回至全局配置模式

Router(config)♯♯interface f0/1　　　! 进入 f0/1 端口

Router(config-if)♯IP address 202.128.1.2 255.255.255.0

　　　　　　　　　　　　　　　　! 设置 IP、子网掩码

Router(config-if)♯no shutdown　　　! 开启端口

Router(config-if)♯exit　　　　　　　! 退出,返回至全局配置模式

Router(config)♯router rip　　　　　　! 启用 RIP 动态协议

Router(config-router)♯version 2　　　! RIP 版本为 2

Router(config-router)♯network 202.128.1.0　　! 宣告 202.128.1.0

Router(config-router)♯network 192.168.2.0　　! 宣告 192.168.2.0

Router(config-router)♯no auto-summary

Router3 配置：

Router＞enable　　　　　　　　　！进入特权模式
Router♯config terminal　　　　　！进入全局配置模式
Router(config)♯interface f0/0　　！进入 f0/0 端口
Router(config-if)♯IP address 192.168.1.1 255.255.255.0
　　　　　　　　　　　　　　　　！设置 IP、子网掩码
Router(config-if)♯no shutdown　！开启端口
Router(config-if)♯exit　　　　　！退出，返回至全局配置模式
Router(config)♯in f0/1　　　　　！进入 f0/1 端口
Router(config-if)♯IP address 202.128.1.1 255.255.255.0
　　　　　　　　　　　　　　　　！设置 IP、子网掩码
Router(config-if)♯no shutdown　！开启端口
Router(config-if)♯exit　　　　　！退出，返回至全局配置模式
Router(config)♯router rip　　　　！启用 RIP 动态协议
Router(config-router)♯version 2　！RIP 版本为 2
Router(config-router)♯network 192.168.1.0　　！宣告 192.168.1.0
Router(config-router)♯network 202.128.1.0　　！宣告 202.128.1.0
Router(config-router)♯no auto-summary　　！关闭自动汇总功能
检测：通过 ping 命令可以看出 PC14 和 PC15 两台电脑相互连通。

实训 6：动态主机配置协议（dynamic host configuration protocol，DHCP）（自动获取 IP）

一间办公室有两位员工，需要通过网络来完成工作，但两人都没有网络知识，不会自己设定电脑的 IP 地址，希望电脑可以自动获取出合适的 IP，这样问题就解决了，办公室网络拓扑图如图 3-18 所示。

添加设备：拖拽出 1 台路由器 2811 和 2 台电脑。

要求：通过配置路由器中的 DHCP 功能使 2 台电脑可以自动生成出 IP 地址并且 2 台电脑可以相互连通。

Router 配置：

Router＞enable　　　　　　　　　！进入特权模式
Router♯config terminal　　　　　！进入全局配置模式
Router(config)♯interface f0/0　　！进入 f0/0 端口
Router(config-if)♯IP address 192.168.1.1 255.255.255.0
　　　　　　　　　　　　　　　　！设置 IP、子网掩码
Router(config-if)♯no shutdown　！开启端口
Router(config-if)♯exit　　　　　！退出，返回至全局配置模式
Router(config)♯interface f0/1　　！进入 f0/1 端口

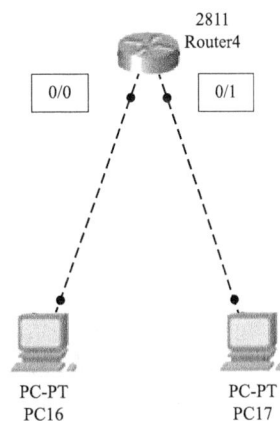

图 3-18　办公室网络拓扑图

Router(config-if)＃IP address 192.168.2.1 255.255.255.0

　　　　　　　　　　　　　　　　！设置 IP、子网掩码

Router(config-if)＃no shutdown 　　　　　！开启端口

Router(dhcp-config)＃exit 　　　　　！退出，返回至全局配置模式

Router(config)＃IP dhcp pool 10 　　　　　！创建一个名为 10 的池

Router(dhcp-config)＃network 192.168.1.0 255.255.255.0

　　　　　　　　　　　　　　　　！指定 dhcp 地址池的 IP、子网掩码

Router(dhcp-config)＃default-router 192.168.1.1 　　　！设置网关地址

Router(dhcp-config)＃DNS-server 8.8.8.8 　　　　！设置 DNS 服务器

Router(dhcp-config)＃exit 　　　　　！退出，返回至全局配置模式

Router(config)＃IP dhcp pool 20 　　　　　！创建一个名为 20 的池

Router(dhcp-config)＃network 192.168.2.0 255.255.255.0

　　　　　　　　　　　　　　　　！指定 dhcp 地址池的 IP、子网掩码

Router(dhcp-config)＃default-router 192.168.2.1 　　　！设置网关地址

Router(dhcp-config)＃DNS-server 8.8.8.8 　　　　！设置 DNS 服务器地址

Router(dhcp-config)＃exit 　　　　　！退出，返回至全局配置模式

Router(config)＃IP dhcp excluded-address 192.168.1.1 192.168.1.1

　　　　　　　　　　　　　　　　！去掉 dhcp 地址分配池的指定 IP

Router(config)＃IP dhcp excluded-address 192.168.2.1 192.168.2.1

　　　　　　　　　　　　　　　　！去掉 dhcp 地址分配池的指定 IP

Router(config)＃exit 　　　　　！退出全局配置模式

检测：打开电脑选择 DHCP（自动获取 IP）选项即可发现 IP 地址、掩码、网关、DNS 均自动生成了，如图 3-19 所示。

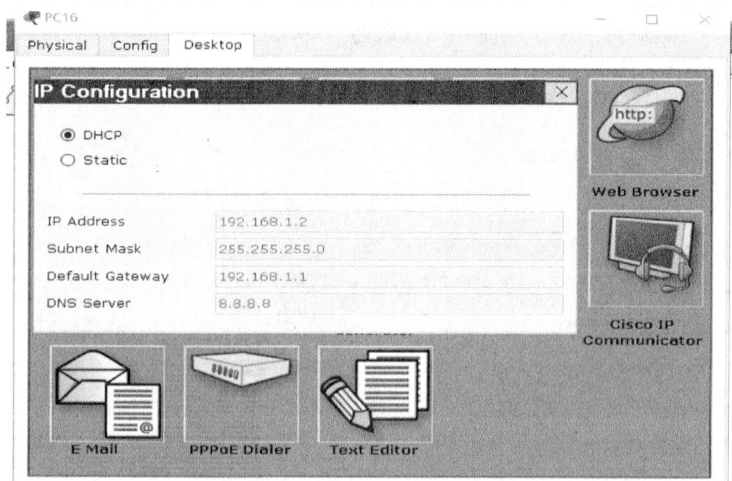

图 3-19　检测

第四章 网络系统综合配置

第一节 小型办公网络构建

一、单臂路由

单臂路由（router-on-a-stick）指在路由器的一个接口上通过配置子接口（或"逻辑接口"，并不存在真正物理接口）的方式，实现原来相互隔离的不同 VLAN 之间的互联互通。通过单臂路由的学习，能够深入地了解 VLAN 的划分、封装和通信原理，理解路由器子接口、ISL 协议和 802.1Q 协议。

实训1：单 臂 路 由

某教学楼因为人员总数上升急需进行网络升级改造，在原有网络基础上再增加 1 台交换设备，从而完成网络拓宽，单臂路由拓扑图如图 4-1 所示。

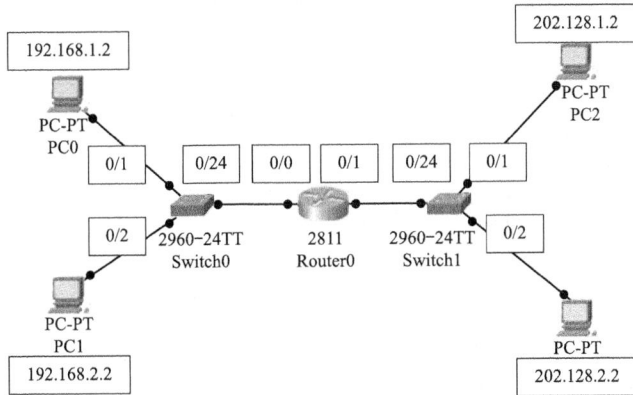

图 4-1　单臂路由拓扑图

添加设备：拖拽出 1 台路由器 2811，2 台二层交换机 2960，4 台电脑。
要求：通过配置单臂路由使 4 台电脑能够相互连通。
Switch1 配置：

Switch＞enable	！进入特权模式
Switch♯config terminal	！进入全局配置模式
Switch(config)♯vlanVLAN 10	！创建 VLAN 10
Switch(config-VLAN)♯exit	！退出,返回至全局配置模式
Switch(config)♯VLAN 20	！创建 VLAN 20
Switch(config-VLAN)♯exit	！退出,返回至全局配置模式
Switch(config)♯interface f0/1	！进入 f0/1 端口

Switch(config-if)♯switchport access VLAN 10

！将 f0/1 端口编入 VLAN 10

Switch(config-if)♯exit ！退出,返回至全局配置模式

Switch(config)♯interface f0/2 ！进入 f0/2 端口

Switch(config-if)♯switchport access VLAN 20

！将 f0/2 端口编入 VLAN 20

Switch(config-if)♯exit ！退出,返回至全局配置模式

Switch(config)♯interface f0/24 ！进入 f0/24 端口

Switch(config-if)♯switchport mode trunk

！将端口转换为 trunk 工作模式

Switch0 配置：

Switch＞enable ！进入特权模式

Switch♯config terminal ！进入全局配置模式

Switch(config)♯VLAN 10 ！创建 VLAN 10

Switch(config-VLAN)♯exit ！退出,返回至全局配置模式

Switch(config)♯VLAN 20 ！创建 VLAN 20

Switch(config-VLAN)♯exit ！退出,返回至全局配置模式

Switch(config)♯interface f0/1 ！进入 f0/1 端口

Switch(config-if)♯switchport access VLAN 10

！将 f0/1 端口编入 VLAN 10

Switch(config-if)♯exit ！退出,返回至全局配置模式

Switch(config)♯interface f0/2 ！进入 f0/2 端口

Switch(config-if)♯switchport access VLAN 20

！将 f0/2 编入 VLAN 20

Switch(config-if)♯exit ！退出,返回至全局配置模式

Switch(config)♯interface f0/24 ！进入 f0/24 端口

Switch(config-if)♯switchport mode trunk

！将端口转换为 trunk 工作模式

Route0 配置：

Router＞enable ！进入特权模式

Router♯config terminal ！进入全局配置模式

Router(config)♯interface f0/0 ！进入 f0/0 端口

Router(config-if)♯no shutdown ！开启端口

Router(config-if)♯interface f0/0.1 ！进入 f0/0.1 端口

Router(config-subif)♯encapsulation dot1Q 10

！将 f0/0.1 端口通过 802.1Q 封装协议封装进 VLAN 10 里

Router(config-subif)♯IP address 192.168.1.1 255.255.255.0

！设置 IP、子网掩码

Router(config-subif)♯no shutdown ！开启端口

Router(config-subif)♯exit   ！退出，返回至全局配置模式
Router(config)♯interface f0/0.2   ！进入 f0/0.2 端口
Router(config-subif)♯encapsulation dot1Q 20
                       ！将 f0/0.2 端口通过 802.1Q 封装协议封装进 VLAN 20 里
Router(config-subif)♯IP address 192.168.2.1 255.255.255.0
                                          ！设置 IP、子网掩码
Router(config-subif)♯no shutdown   ！开启端口
Router(config-subif)♯exit   ！退出，返回至全局配置模式
Router(config)♯interface f0/1   ！进入 f0/1 端口
Router(config-if)♯no shutdown   ！开启端口
Router(config-if)♯interface f0/1.1   ！进入 f0/1.1 端口
Router(config-subif)♯encapsulation dot1Q 10
                       ！将 f0/1.1 端口通过 802.1Q 封装协议封装进 VLAN 10 里
Router(config-subif)♯IP address 202.128.1.1 255.255.255.0
                                          ！设置 IP、子网掩码
Router(config-subif)♯no shutdown   ！开启端口
Router(config-subif)♯exit   ！退出，返回至全局配置模式
Router(config)♯interface f0/1.2   ！进入 f0/1.2 端口
Router(config-subif)♯encapsulation dot1Q 20
                       ！将 f0/1.2 端口通过 802.1Q 封装协议封装进 VLAN 20 里
Router(config-subif)♯IP address 202.128.2.1 255.255.255.0
                                          ！设置 IP、子网掩码
Router(config-subif)♯no shutdown   ！开启端口

检测：按照网段相同子网不同的配置方法将 4 台 PC 配置完成，之后利用 ping 命令检测任意 2 台 PC 的连通性，4 台 PC 均可互通，ping 命令测试如图 4-2 所示。

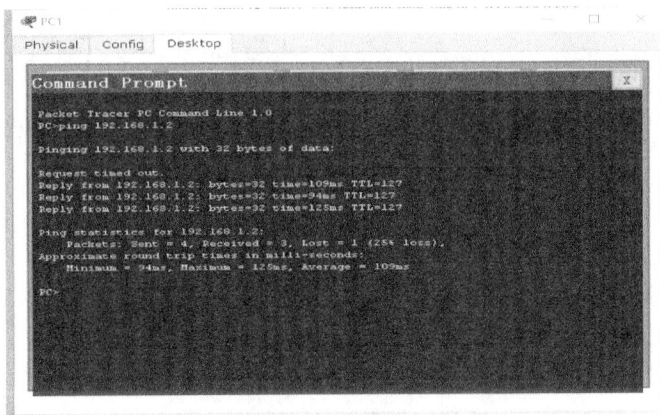

图 4-2　ping 命令测试

二、静态路由与单臂路由综合运用

利用所学知识将单臂路由与静态路由进行结合运用，完成全网段的数据互通。

实训 2：静态路由与单臂路由结合

为了完成网络的升级，某校引入了 1 台服务器设备用来存储数据，现需要在原有网络的基础上将服务器融入网络，使所有人员均可访问服务器，静态路由与单臂路由结合拓扑图如图 4-3 所示。

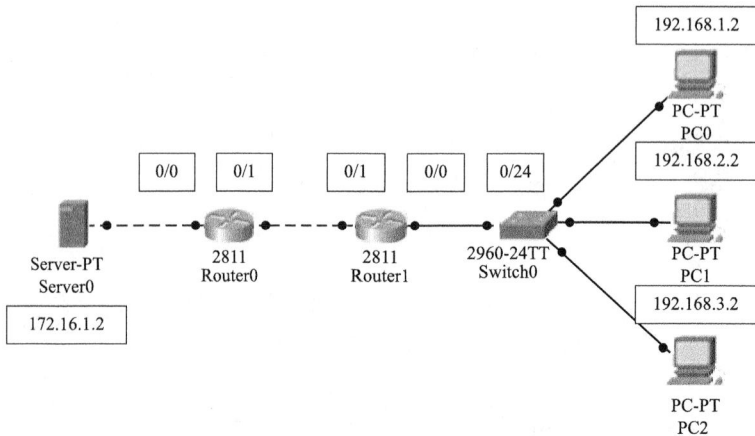

图 4-3　静态路由与单臂路由结合拓扑图

添加设备：拖拽出 2 台路由器 2811，1 台二层交换机，1 台服务器和 3 台电脑。

要求：通过配置单臂路由和静态路由，使 3 台电脑均可访问服务器。

Switch0 配置：

Switch＞enable	! 进入特权模式
Switch#config terminal	! 进入全局配置模式
Switch(config)#VLAN 10	! 创建 VLAN 10
Switch(config-VLAN)#exit	! 退出,返回至全局配置模式
Switch(config)#VLAN 20	! 创建 VLAN 20
Switch(config-VLAN)#exit	! 退出,返回至全局配置模式
Switch(config)#VLAN 30	! 创建 VLAN 30
Switch(config-VLAN)#exit	! 退出,返回至全局配置模式
Switch(config)#interface f0/1	! 进入 f0/1 端口
Switch(config-if)#switchport access VLAN 10	
	! 将 f0/1 端口编入 VLAN 10
Switch(config-if)#exit	! 退出,返回至全局配置模式
Switch(config)#interface f0/2	! 进入 f0/2 端口
Switch(config-if)#switchport access VLAN 20	
	! 将 f0/2 端口编入 VLAN 20
Switch(config-if)#exit	! 退出,返回至全局配置模式
Switch(config)#interface f0/3	! 进入 f0/3 端口
Switch(config-if)#switchport access VLAN 30	

	! 将 f0/3 端口编入 VLAN 30
Switch(config-if)♯exit	! 退出,返回至全局配置模式
Switch(config)♯interface f0/24	! 进入 f0/24 端口
Switch(config-if)♯switchport mode trunk	
	! 将 24 端口转换为 trunk 模式
Switch(config-if)♯exit	! 退出,返回至全局配置模式
Route1 配置:	
Router>enable	! 进入特权模式
Router♯config terminal	! 进入全局配置模式
Router(config)♯interface f0/0	! 进入 f0/0 端口
Router(config-if)♯no shutdown	! 开启端口
Router(config-if)♯exit	! 退出,返回至全局配置模式
Router(config)♯interface f0/0.1	! 进入 f0/0.1 端口
Router(config-subif)♯encapsulation dot1Q 10	
	! 将 f0/0.1 端口通过 802.1Q 封装协议封装进 VLAN 10 里
Router(config-subif)♯IP address 192.168.1.1 255.255.255.0	
	! 设置 IP、子网掩码
Router(config-subif)♯no shutdown	! 开启端口
Router(config-subif)♯exit	! 退出,返回至全局配置模式
Router(config)♯interface f0/0.2	! 进入 f0/0.2 端口
Router(config-subif)♯encapsulation dot1Q 20	
	! 将 f0/0.2 端口通过 802.1Q 封装协议封装进 VLAN 20 里
Router(config-subif)♯IP address 192.168.2.1 255.255.255.0	
	! 设置 IP、子网掩码
Router(config-subif)♯no shutdown	! 开启端口
Router(config-subif)♯exit	! 退出,返回至全局配置模式
Router(config)♯in f0/0.3	! 进入 f0/0.3 端口
Router(config-subif)♯encapsulation dot1Q 30	
	! 将 f0/0.3 端口通过 802.1Q 封装协议封装进 VLAN 30 里
Router(config-subif)♯IP address 192.168.3.1 255.255.255.0	
	! 设置 IP、子网掩码
Router(config-subif)♯no shutdown	! 开启端口
Router(config-subif)♯exit	! 退出,返回至全局配置模式
Router(config)♯interface f0/1	! 进入 f0/1 端口
Router(config-if)♯IP address 10.1.1.1 255.0.0.0	
	! 设置 IP、子网掩码
Router(config-if)♯no shutdown	! 开启端口
Router(config-if)♯exit	! 退出,返回至全局配置模式
Router(config)♯IP route 172.16.0.0 255.255.0.0 10.1.1.2	

　　　　　　　　　　　　　　　　　　! 设置静态路由

Route0 配置：

Router＞enable　　　　　　　　　　! 进入特权模式

Router♯config terminal　　　　　　　! 进入全局配置模式

Router(config)♯interface f0/1　　　　! 进入 f0/1 端口

Router(config-if)♯IP address 10.1.1.2 255.0.0.0

　　　　　　　　　　　　　　　　　　! 设置 IP 子网掩码

Router(config-if)♯no shutdown　　　　! 开启端口

Router(config-if)♯exit　　　　　　　　! 退出,返回至全局配置模式

Router(config)♯interface f0/0　　　　! 进入 f0/0 端口

Router(config-if)♯IP address 172.16.1.1 255.255.0.0

　　　　　　　　　　　　　　　　　　! 设置 IP、子网掩码

Router(config-if)♯no shutdown　　　　! 开启端口

Router(config-if)♯exit　　　　　　　　! 退出,返回至全局配置模式

Router(config)♯IP route 192.168.1.0 255.255.255.0 10.1.1.1

Router(config)♯IP route 192.168.2.0 255.255.255.0 10.1.1.1

Router(config)♯IP route 192.168.3.0 255.255.255.0 10.1.1.1

　　　　　　　　　　　　　　　　　　! 设置目标网段,子网掩码,下一跳地址

server 的 IP 设置：IP 设置与电脑的 IP 设置一样，网段相同子网不同，server 的 IP 设置如图 4-4 所示。

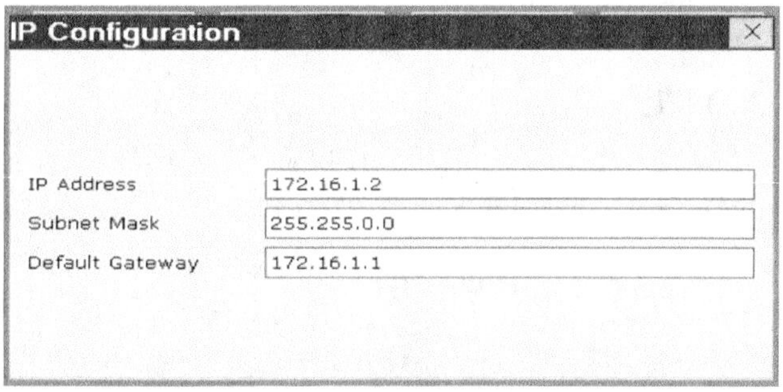

图 4-4　server 的 IP 设置

PC0 的 IP 设置如图 4-5 所示。

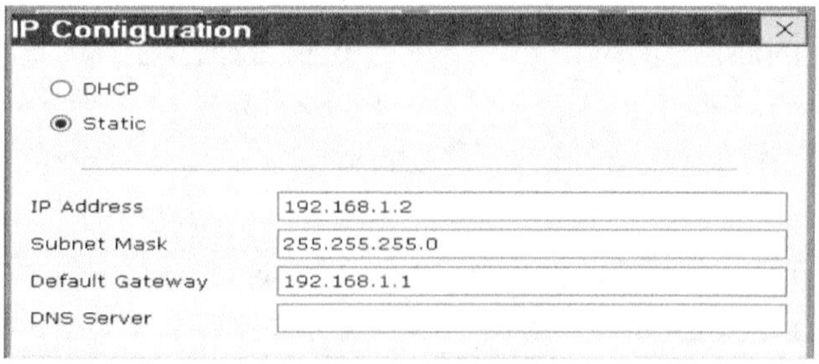

图 4-5　PC0 的 IP 设置

PC1 的 IP 设置如图 4-6 所示。

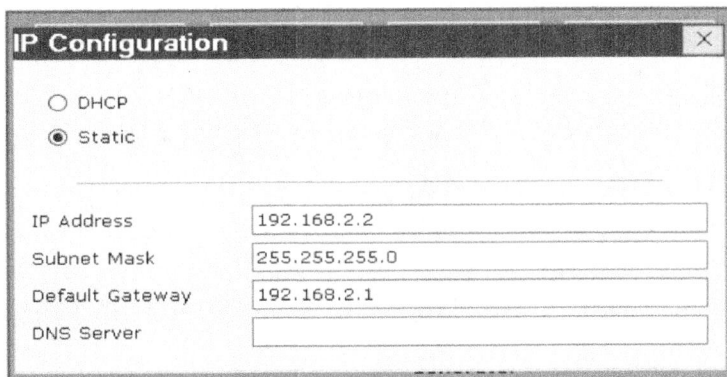

图 4-6 PC1 的 IP 设置

PC2 的 IP 设置如图 4-7 所示。

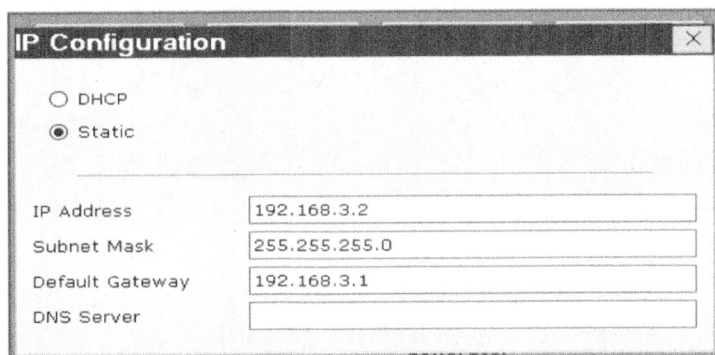

图 4-7 PC2 的 IP 设置

检验：通过 ping 命令检测连通性，所有电脑均可访问服务器，ping 命令检测如图 4-8 所示。

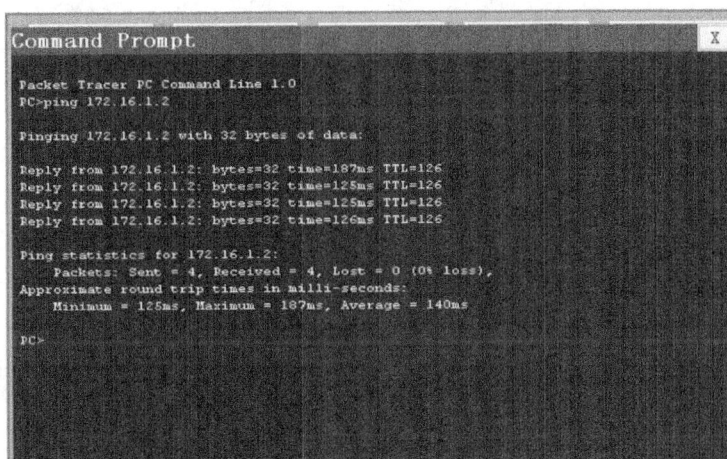

图 4-8 ping 命令检测

第二节　小型办公网络应用服务构建

域名系统（domain name system，DNS）是因特网的一项核心服务，作为可以将域名和 IP 地址相互映射的一个分布式数据库，能够使人更方便地访问互联网，而不用去记住能够被机器直接读取的 IP 数串。

虽然因特网上的节点都可以用 IP 地址唯一标识，并且可以通过 IP 地址被访问，但即使是将 32 位的二进制 IP 地址写成 4 个 0～255 的十位数形式，也依然太长、太难记。因此，人们发明了域名（domian name），域名可将一个 IP 地址关联到一组有意义的字符上去。用户访问一个网站的时候，既可以输入该网站的 IP 地址，也可以输入其域名，对访问而言，两者是等价的。例如：微软公司的 Web 服务器的 IP 地址是 207.46.230.229，其对应的域名是 www.microsoft.com，不管用户在浏览器中输入的是 207.46.230.229 还是 www.microsoft.com，都可以访问其 Web 网站。

一个公司的 Web 网站可看作是在网上的门户，而域名就相当于其门牌地址，通常域名都使用该公司的名称或简称。例如上面提到的微软公司的域名，类似的还有：IBM 公司的域名是 www.ibm.com，Oracle 公司的域名是 www.oracle.com，Cisco 公司的域名是 www.cisco.com 等。当人们要访问一个公司的 Web 网站，又不知道其确切域名的时候，也总会首先输入其公司名称作为试探。但是，由一个公司的名称或简称构成的域名，也有可能会被其他公司或个人抢注，甚至还有一些公司或个人恶意抢注了大量由知名公司的名称构成的域名，然后再高价转卖给这些公司，以此牟利。已经有一些域名注册纠纷的仲裁措施，但要从源头上控制这类现象，还需要有一套完整的限制机制，这个还没有。所以，尽早注册由自己名称构成的域名应当是任何一个公司或机构，特别是那些著名企业必须重视的事情。有的公司已经对由自己著名品牌构成的域名进行了保护性注册。

实训 3：DNS 服务器应用配置

某校外网已经连通，Web 服务器和 DNS 服务器也已架设完毕，现需将网络配置完成，使所有用户可以通过 DNS 服务器的域名转换功能完成网页的浏览，DNS 服务器应用配置拓扑图如图 4-9 所示。

添加设备：拖拽出 2 台路由器 2811，2 台二层交换机 2960，2 台服务器和 3 台电脑。

要求：先通过单臂路由和静态路由的配置使网络连通，在此基础上配置 DNS 服务器。

Switch1 配置：

```
Switch>enable                              ! 进入特权模式
Switch#config terminal                     ! 进入全局配置模式
Switch(config)#VLAN 10                      ! 创建 VLAN 10
Switch(config-VLAN)#exit                    ! 退出，返回至全局配置模式
Switch(config)#VLAN 20                      ! 创建 VLAN 20
Switch(config-VLAN)#exit                    ! 退出，返回至全局配置模式
Switch(config)#interface f0/1              ! 进入 f0/1 端口
Switch(config-if)#switchport access VLAN 10    ! 将 f0/1 端口编入 VLAN 10
```

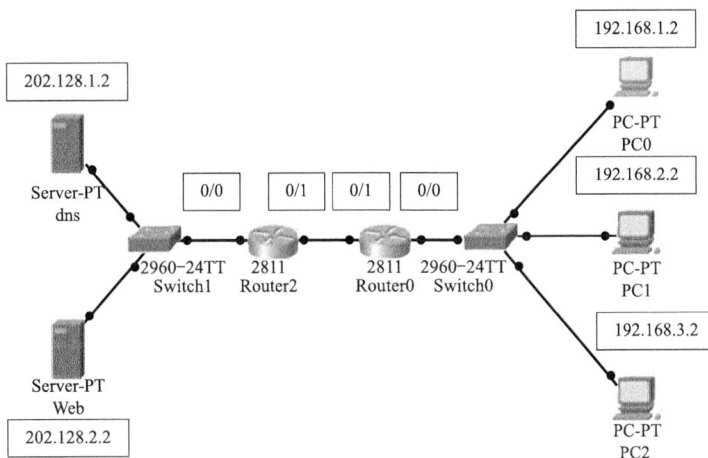

图 4-9　DNS 服务器应用配置拓扑图

Switch(config-if)♯exit	！退出，返回至全局配置模式
Switch(config)♯interface f0/2	！进入 f0/2 端口
Switch(config-if)♯switchport access VLAN 20	！将 f0/2 端口编入 VLAN 20
Switch(config-if)♯exit	！退出，返回至全局配置模式
Switch(config)♯interface f0/24	！进入 f0/24 端口
Switch(config-if)♯switchport mode trunk	
	！将端口转换为 trunk 工作模式

Router2 配置：

Router＞enable	！进入特权模式
Router♯config terminal	！进入全局配置模式
Router(config)♯interface f0/1	！进入 f0/1 端口
Router(config-if)♯IP address 172.16.1.1 255.255.0.0	
	！设置 IP、子网掩码
Router(config-if)♯no shutdown	！开启端口
Router(config-if)♯exit	！退出，返回至全局配置模式
Router(config)♯iterfacen f0/0	！进入 f0/0 端口
Router(config-if)♯no shutdown	！开启端口
Router(config-if)♯exit	！退出，返回至全局配置模式
Router(config)♯interface f0/0.1	！进入 f0/0.1 端口
Router(config-subif)♯encapsulation dot1Q 10	
	！将 f0/3 端头通过 802.1Q 封装协议封装进 VLAN 10 里
Router(config-subif)♯IP address 202.128.1.1 255.255.255.0	
	！设置 IP、子网掩码
Router(config-subif)♯no shutdown	！开启端口
Router(config-subif)♯exit	！退出，返回至全局配置模式
Router(config)♯interface f0/0.2	！进入 f0/0.2 端口

Router(config-subif)♯encapsulation dot1Q 20
　　　　　　　　　！将 f0/0.2 端口通过 802.1Q 封装协议封装进 VLAN 20 里
Router(config-subif)♯IP address 202.128.2.1 255.255.255.0
　　　　　　　　　　　！设置 IP、子网掩码
Router(config-subif)♯no shutdown　　　！开启端口
Router(config-subif)♯exit　　　　　　！退出，返回至全局配置模式
Router(config)♯IP route 192.168.1.0 255.255.255.0 172.16.1.2
　　　　　　　　　　　　！设置静态路由
Router(config)♯IP route 192.168.2.0 255.255.255.0 172.16.1.2
　　　　　　　　　　　　！设置静态路由
Router(config)♯IP route 192.168.3.0 255.255.255.0 172.16.1.2
　　　　　　　　　　　　！设置静态路由

Router0 配置：
Router>enable
Router♯config terminal
Router(config)♯interface f0/0
Router(config-if)♯no shutdown
Router(config-if)♯interface f0/0.1
Router(config-subif)♯encapsulation dot1Q 10
　　　　　　　　　！将 f0/0.2 端口通过 802.1Q 封装协议封装进 VLAN 10 里
Router(config-subif)♯IP address 192.168.1.1 255.255.255.0
Router(config-subif)♯no shutdown
Router(config-subif)♯exit
Router(config)♯interface f0/0.2
Router(config-subif)♯encapsulation dot1Q 20
　　　　　　　　　！将 f0/0.2 端口通过 802.1Q 封装协议封装进 VLAN 20 里
Router(config-subif)♯IP address 192.168.2.1 255.255.255.0
Router(config-subif)♯no shutdown
Router(config-subif)♯exit
Router(config)♯interface f0/0.3
Router(config-subif)♯cncapsulation dot1Q 30
　　　　　　　　　！将 f0/0.3 端口通过 802.1Q 封装协议封装进 VLAN 30 里
Router(config-subif)♯IP address 192.168.3.1 255.255.255.0
Router(config-subif)♯no shutdown
Router(config-subif)♯exit
Router(config)♯interface f0/1
Router(config-if)♯IP address 172.16.1.2 255.255.0.0
Router(config-if)♯no shutdown
Router(config-if)♯exit

Router(config)♯IP route 202. 128. 1. 0 255. 255. 255. 0 172. 16. 1. 1

!　设置静态路由

Router(config)♯IP route 202. 128. 2. 0 255. 255. 255. 0 172. 16. 1. 1

!　设置静态路由

Switch0 配置：

Switch＞enable

Switch♯config terminal

Switch(config)♯VLAN 10

Switch(config-VLAN)♯exit

Switch(config)♯VLAN 20

Switch(config-VLAN)♯exit

Switch(config)♯VLAN 30

Switch(config-VLAN)♯exit

Switch(config)♯interface f0/1

Switch(config-if)♯switchport access VLAN 10

Switch(config-if)♯exit

Switch(config)♯interface f0/2

Switch(config-if)♯switchport access VLAN 20

Switch(config-if)♯interface f0/3

Switch(config-if)♯switchport access VLAN 30　　　　Switch(config-if)♯exit

Switch(config)♯interface f0/24

Switch(config-if)♯switchport mode trunk

PC 的 IP 设置如图 4-10 所示。

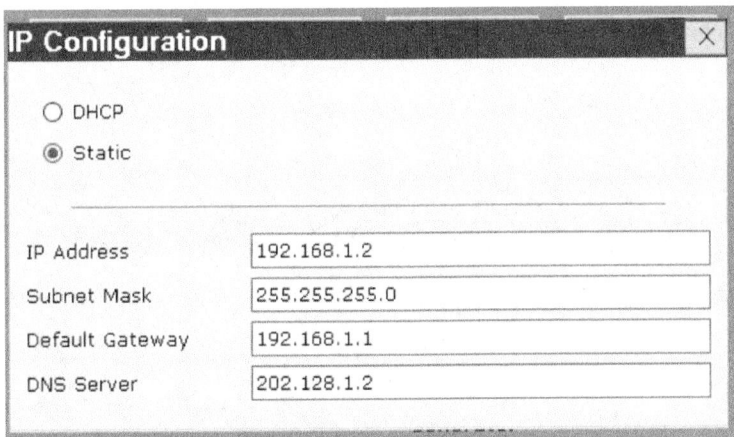

图 4-10　PC 的 IP 设置

DNS 服务器设置如图 4-11 所示。

设置好 DNS 转换地址的 IP 与域名如图 4-12 所示。

Web 的 IP 设置如图 4-13 所示。

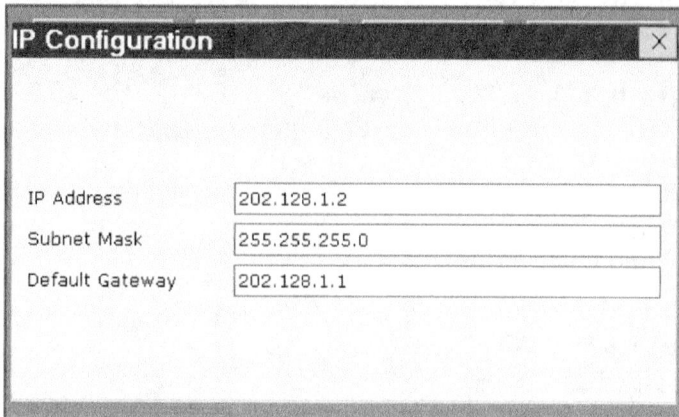

图 4-11　DNS 服务器设置

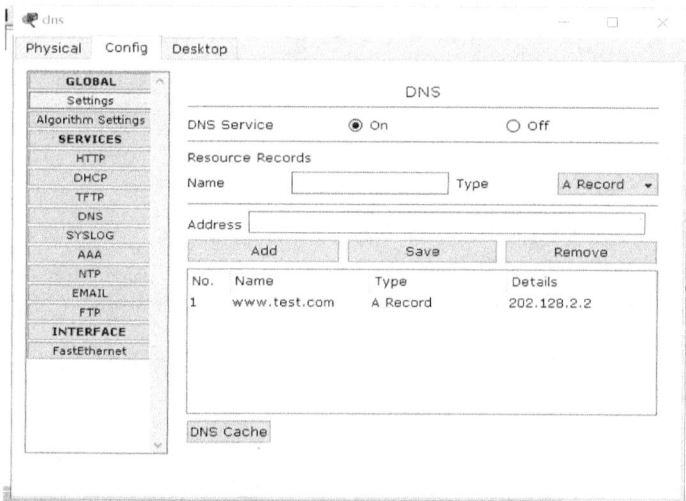

图 4-12　设置好 DNS 转换地址的 IP 与域名

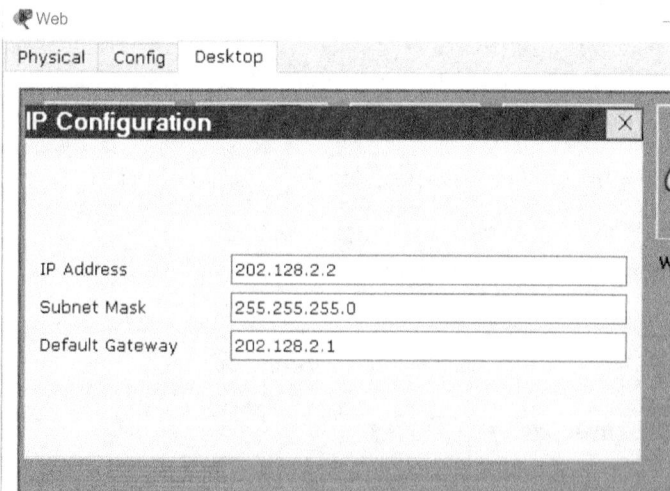

图 4-13　Web 的 IP 设置

第三节　动态主机配置协议（DHCP）的运用

DHCP 是一个局域网的网络协议，该协议允许服务器向客户端动态分配 IP 地址和配置信息。

DHCP 通常被应用在大型的局域网络环境中，主要作用是集中管理、分配 IP 地址，使网络环境中的主机动态地获得 IP 地址、子网掩码、DNS 服务器地址等信息，并能够提升地址的使用率。

DHCP 协议采用客户端/服务器模型，主机地址的动态分配任务由网络主机驱动；当 DHCP 服务器接收到来自网络主机申请地址的信息时，才会向网络主机发送相关的地址配置等信息，以实现网络主机地址信息的动态配置。DHCP 具有以下功能：

（1）保证任何 IP 地址在同一时刻只能由 1 台 DHCP 客户机所使用。

（2）DHCP 应当可以给用户分配永久固定的 IP 地址。

（3）DHCP 应当可以同用其他方法获得 IP 地址的主机共存（如手工配置 IP 地址的主机）。

（4）DHCP 服务器应当向现有的引导程序协议（BOOTP）客户端提供服务。

实训 4：DHCP 服务于不同 VLAN

网络服务器已搭建完成，接下来需要对全网的用户设置 DHCP，方便大家随时接入网络浏览网页，因为两台路由器相距太远故采用串口的连接方式，DHCP 服务于不同 VLAN 拓扑图如图 4-14 所示。

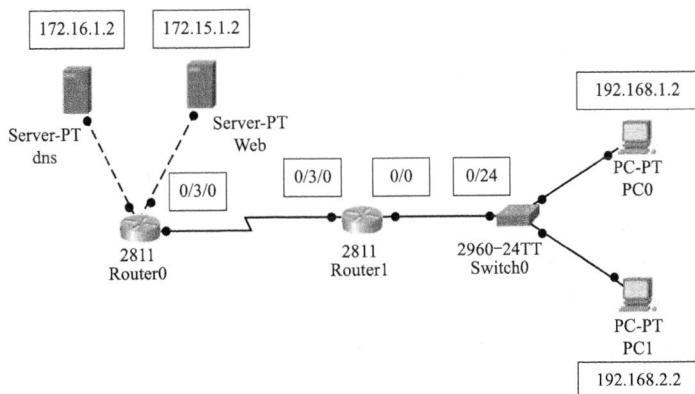

图 4-14　DHCP 服务于不同 VLAN 拓扑图

添加设备：拖拽出 2 台路由器 2811 之间用串口线相连，1 台二层交换机，2 台服务器和 2 台电脑。

要求：配置 DHCP 以及内外网口的映射完成拓扑要求。

Switch0 配置：

Switch＞enable	！进入特权模式
Switch＃config terminal	！进入全局配置模式

```
Switch(config)♯VLAN 10              ！创建 VLAN 10
Switch(config-VLAN)♯exit           ！退出,返回至全局配置模式
Switch(config)♯VLAN 20              ！创建 VLAN 20
Switch(config-VLAN)♯exit           ！退出,返回至全局配置模式
Switch(config)♯interface f0/1      ！进入 f0/1 端口
Switch(config-if)♯switchport access VLAN 10
                                   ！将 f0/1 端口编入 VLAN 10
Switch(config-if)♯exit             ！退出,返回至全局配置模式
Switch(config)♯interface f0/2      ！进入 f0/2 端口
Switch(config-if)♯switchport access VLAN 20
                                   ！将 f0/2 端口编入 VLAN 20
Switch(config-if)♯exit             ！退出,返回至全局配置模式
Switch(config)♯interface f0/24     ！进入 f0/24 端口
Switch(config-if)♯switchport mode trunk
                                   ！将端口转换为 trunk 工作模式
```

Router1 配置:

```
Router>enable
Router♯config terminal
Router(config)♯interface f0/0
Router(config-if)♯no shutdown
Router(config-if)♯exit
Router(config)♯interface f0/0.1    ！进入 f0/0.1 端口
Router(config-subif)♯encapsulation dot1Q 10
                          ！将 f0/0.1 端口通过 802.1Q 封装协议封装进 VLAN 10 里
Router(config-subif)♯IP address 192.168.1.1 255.255.255.0
                                   ！设置 IP、子网掩码
Router(config-subif)♯no shutdown   ！开启端口
Router(config-subif)♯exit          ！退出,返回至全局配置模式
Router(config)♯interface f0/0.2    ！进入 f0/0.2 端口
Router(config-subif)♯encapsulation dot1Q 20
                          ！将 f0/0.2 端口通过 802.1Q 封装协议封装进 VLAN 10 里
Router(config-subif)♯IP address 192.168.2.1 255.255.255.0
                                   ！设置 IP、子网掩码
Router(config-subif)♯no shutdown   ！开启端口
Router(config-subif)♯exit          ！退出,返回至全局配置模式
Router(config)♯IP DHCP pool 10     ！创建一个名为 10 的池
Router(DHCP-config)♯network 192.168.1.0 255.255.255.0
                                   ！指定 DHCP 地址池的 IP,子网掩码
Router(DHCP-config)♯default-router 192.168.1.1
```

！设置网关地址

Router(DHCP-config)♯DNS-server 172.16.1.2　　！设置 DNS 服务器地址

Router(DHCP-config)♯exit　　　　　　！退出,返回至全局配置模式

Router(config)♯IP dhcp pool 20　　　　！创建一个名为 20 的池

Router(DHCP-config)♯network 192.168.2.0 255.255.255.0

　　　　　　！指定 dhcp 地址池的 IP,子网掩码

Router(DHCP-config)♯default-router 192.168.2.1 ！设置网关地址

Router(DHCP-config)♯DNS-server 172.16.1.2　　！设置 DNS 服务器地址

Router(config)♯IP dhcp excluded-address 192.168.1.1 192.168.1.1

　　　　　　！去掉 dhcp 地址分配池的指定 IP

Router(config)♯IP dhcp excluded-address 192.168.2.1 192.168.2.1

　　　　　　！去掉 dhcp 地址分配池的指定 IP

Router(config)♯interface s0/3/0　　　！进入 s0/3/0 端口

Router(config-if)♯IP address 202.128.1.1 255.255.255.0

　　　　　　！设置 IP、子网掩码

Router(config-if)♯IP nat outside　　　！将 s0/3/0 定义为外网接口

Router(config-if)♯no shutdown　　　！开启端口

Router(config-if)♯exit　　　　　　！退出,返回至全局配置模式

Router(config)♯access-list 1 permit 192.168.1.0 0.0.0.255

　　　　！允许访问 Internet 的 IP 为 192.168.1.1 和反掩码 0.0.0.255

Router(config)♯IP nat inside source list 1 interface s0/3/0 overload

　　　　　　！内网地址表 1 经过 s0/3/0 映射到外网

Router(config)♯IP route 0.0.0.0 0.0.0.0 s0/3/0

　　　　　　！设置子网掩码并把报文交给 s0/3/0

Router(config)♯access-list 1 permit 192.168.2.0 0.0.0.255

　　　　！允许访问 Internet 的 IP 为 192.168.2.0 和反掩码 0.0.0.255

Router(config)♯IP nat inside source list 1 interface s0/3/0 overload

　　　　　　！内网地址表 1 经过 s0/3/0 映射到外网

Router(config)♯interface f0/0.1　　　！进入 f0/0.1 端口

Router(config-subif)♯IP nat inside　　！地址转换

Router(config-subif)♯exit　　　　　！退出,返回至全局控制模式

Router(config)♯interface f0/0.2　　　！进入 f0/0.2 端口

Router(config-subif)♯IP nat inside　　！地址转换

Router(config-subif)♯exit　　　　　！退出返回至全局配置模式

Router0 配置:

Router>ena　　　　　　　　！进入特权模式

Router♯conf t　　　　　　　！进入全局配置模式

Router(config)♯in s0/3/0　　　！进入 s0/3/0 端口

Router(config-if)♯IP address 202.128.1.2 255.255.255.0　　！设置 IP、子网掩码

Router(config-if)♯no shutdown　　　　! 开启端口

Router(config-if)♯clock rate 64000　　! 时钟频率调整位 64000

Router(config)♯in f0/0　　　　　　　 ! 进入 f0/0 端口

Router(config-if)♯IP address 172.16.1.1 255.255.0.0

　　　　　　　　　　　　　　　　　　! 设置 IP、子网掩码

Router(config-if)♯no shutdown　　　　! 开启端口

Router(config-if)♯exit　　　　　　　　! 退出返回至全局配置模式

Router(config)♯interface f0/1　　　　 ! 进入 f0/1 端口

Router(config-if)♯IP address 172.15.1.1 255.255.0.0

　　　　　　　　　　　　　　　　　　! 设置 IP、子网掩码

Router(config-if)♯no shutdown　　　　! 开启端口

PC 的 IP 设置：网络中的 PC 均采用自动获取 IP 的方式自动生成 IP 地址，如图 4-15
所示。

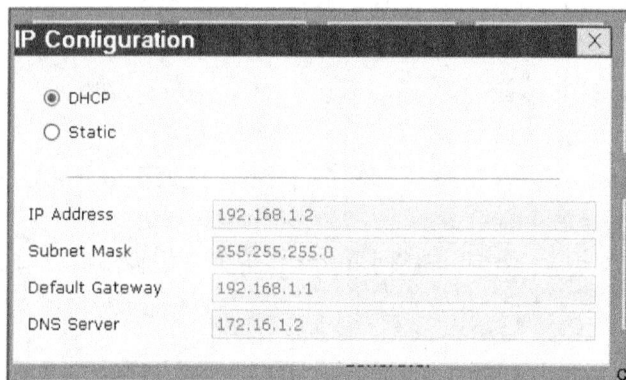

图 4-15　PC 的 IP 设置

DNS 服务器配置如图 4-16 所示。

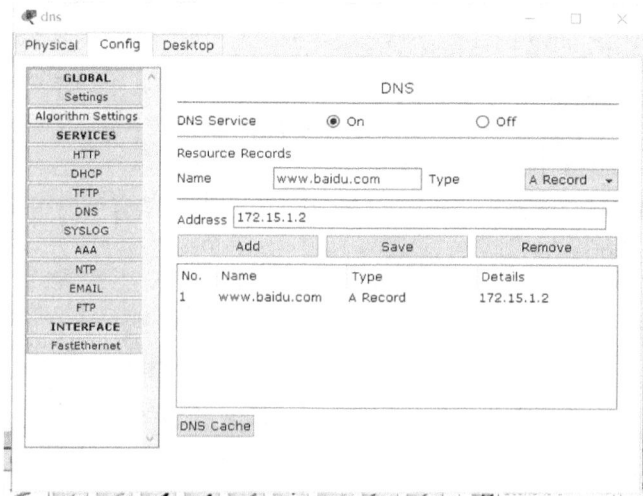

图 4-16　DNS 服务器配置

检测：通过任意 PC 在浏览器中直接键入 Web 服务器的网址即可访问，如图 4-17 所示。

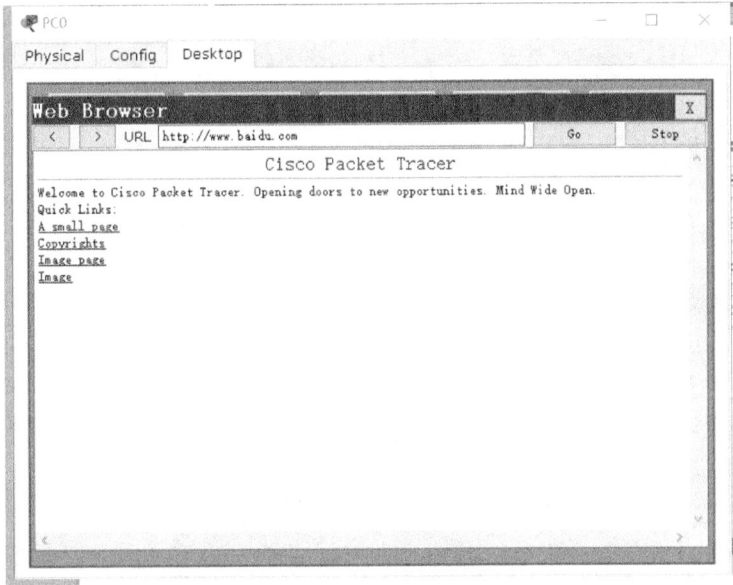

图 4-17 浏览器页面

第五章 防火墙的配置

第一节 防火墙基本知识

一、防火墙的定义

所谓防火墙指的是一个由软件和硬件设备组合而成、在内部网和外部网之间、专用网与公共网之间的界面上构造的保护屏障，是一种获取安全性方法的形象说法，是一种计算机硬件和软件的结合，使 Internet 与 Intranet 之间建立起一个安全网关（security gateway），从而保护内部网免受非法用户的侵入。防火墙主要由服务访问规则、验证工具、包过滤和应用网关 4 个部分组成，防火墙就是一个位于计算机和所连接的网络之间的软件或硬件，该计算机流入流出的所有网络通信和数据包均要经过此防火墙。

二、防火墙的作用

防火墙具有很好的保护作用，入侵者必须首先穿越防火墙的安全防线，才能接触目标计算机；可以将防火墙配置成许多不同保护级别，高级别的保护可能会禁止一些服务，如视频流等。

防火墙最基本的功能就是控制在计算机网络中不同信任程度区域间传送的数据流。例如互联网是不可信任的区域，而内部网络是高度信任的区域。以避免安全策略中禁止的一些通信，与建筑中的防火墙功能相似。防火墙可以控制信息基本任务在不同信任的区域。典型信任的区域包括互联网（一个没有信任的区域）和一个内部网络（一个高信任的区域）。最终目标是提供受控连通性在不同水平的信任区域通过安全政策的运行和连通性模型之间根据最少特权原则。

例如：TCP/IPPort 135～139 是 Microsoft Windows 的【网上邻居】所使用的。如果计算机有使用【网上邻居】的【共享文件夹】，又没使用任何防火墙相关的防护措施的话，就等于把自己的【共享文件夹】公开到 Internet，供不特定的任何人有机会浏览目录内的文件，且早期版本的 Windows 有【网上邻居】系统溢出的无密码保护的漏洞（这里指【共享文件夹】有设密码，但可经由此系统漏洞，达到无须密码便能浏览文件夹的需求）。

防火墙对流经的网络通信进行扫描，这样能够过滤掉一些攻击，以免其在目标计算机上被执行；防火墙还可以关闭不使用的端口，而且还能禁止特定端口的流出通信，封锁特洛伊木马；最后，防火墙可以禁止来自特殊站点的访问，从而防止来自不明入侵者的所有通信。

1. 网络安全的屏障

一个防火墙（作为阻塞点、控制点）能极大地提高一个内部网络的安全性，并通过过滤不安全的服务而降低风险。由于只有经过精心选择的应用协议才能通过防火墙，网络环境因此变得更安全。如防火墙可以禁止诸如众所周知的不安全的网络文件系统（NFS）协议进出受保护网络，这样外部的攻击者就不可能利用这些脆弱的协议来攻击内部网络；防火墙同时可以保护网络免受基于路由的攻击，如 IP 选项中的源路由攻击和控制报文协议（ICMP）重定向中的重定向路径。防火墙应该可以拒绝所有以上类型攻击的报文并通知防火墙管理员。

2. 强化网络安全策略

通过以防火墙为中心的安全方案配置，能将所有安全软件（如口令、加密、身份认证、审计等）配置在防火墙上。与将网络安全问题分散到各个主机上相比，防火墙的集中安全管理更经济。例如在网络访问时，一次一密口令系统和其他的身份认证系统可以不必分散在各个主机上，而集中在防火墙上。

3. 监控网络存取和访问

如果所有的访问都经过防火墙，那么防火墙就能记录下这些访问并作出日志记录，同时也能提供网络使用情况的统计数据。当发生可疑动作时，防火墙能进行适当的报警，并提供网络是否受到监测和攻击的详细信息。另外，收集一个网络的使用和误用情况也是非常重要的，不仅可以清楚防火墙是否能够抵挡攻击者的探测和攻击，并且还能清楚防火墙的控制是否充足。

4. 防止内部信息的外泄

通过利用防火墙对内部网络的划分，可实现内部网重点网段的隔离，从而限制了局部重点或敏感网络安全问题对全局网络造成的影响；再者，隐私是内部网络非常关心的问题，一个内部网络中不引人注意的细节可能包含了有关安全的线索而引起外部攻击者的兴趣，甚至因此而暴露了内部网络的某些安全漏洞，使用防火墙就可以隐蔽那些透漏内部细节如 Finger、DNS 等服务。Finger 显示了主机的所有用户的注册名、真名，最后登录时间和使用 shell 类型等，但是 Finger 显示的信息非常容易被攻击者所获悉。攻击者可以知道一个系统使用的频繁程度，这个系统是否有用户正在连线上网，这个系统是否在被攻击时引起注意，防火墙可以同样阻塞有关内部网络中的 DNS 信息，这样 1 台主机的域名和 IP 地址就不会被外界所了解。

三、防火墙设备接入原则

（1）一级级的要分清，不要在设备间连两条线。

（2）根据使用环境决定需留下预留接口，便于扩充。

（3）注意设备之间的线路尽量不要超过 100m。

四、防火墙选购原则

1. 防火墙的基本功能

防火墙系统可以说是网络的第一道防线，因此一个企业在决定使用防火墙保护内部网络的安全时，首先需要了解一个防火墙系统应具备的基本功能，这是用户选择防火墙产品的依据和前提。一个成功的防火墙产品应该具有下述基本功能：

防火墙的设计策略应遵循安全防范的基本原则；防火墙本身支持安全策略；可根据组织机构的安全策略改变加入新的服务；具备先进的认证手段；可运用过滤技术和禁止服务；可使用 FTP 和 Telnet 等服务代理；拥有界面友好、易于编程的 IP 过滤语言，并可以根据数据包的性质进行包过滤。

如果用户需要网络消息传输协议（network news transfer protocol，NNTP）、XWindow、HTTP 和 Gopher 等服务，防火墙应该包含相应的代理服务程序；防火墙也应具有集中邮件的功能，以减少 SMTP 服务器和外界服务器的直接连接，并可以集中处理整个站点的电子邮件；防火墙应允许公众对站点的访问，应把信息服务器和其他内部服务器分开。

防火墙应该能够集中和过滤拨入访问，并可以记录网络流量和可疑的活动。此外，为了使日志具有可读性，防火墙应具有精简日志的能力。虽然没有必要让防火墙的操作系统和公司内部使用的操作系统一样，但在防火墙上运行一个管理员熟悉的操作系统会使管理变得简单。防火墙的强度和正确性应该可被验证，设计尽量简单，以便管理员理解和维护。防火墙和相应的操作系统应该用补丁程序进行升级且升级必须定期进行。

正像前面提到的那样，Internet 每时每刻都在发生着变化，新的易攻击点随时可能会产生。当新的危险出现时，新的服务和升级工作可能会对防火墙的安装产生潜在的阻力，因此防火墙的可适应性是很重要的。

2. 企业的特殊要求

企业安全政策中往往有些特殊需求不是每一个防火墙都会提供的，这方面常会成为选择防火墙的考虑因素之一。

（1）网络地址转换功能（network address translation，NAT）。进行地址转换有两个好处：一个是隐藏内部网络真正的 IP，这可以使黑客无法直接攻击内部网络；另一个好处是可以让内部使用保留的 IP，这对许多 IP 不足的企业是有益的。

（2）双重 DNS。当内部网络使用没有注册的 IP 地址，或是防火墙进行 IP 转换时，DNS 也必须经过转换。因为，同样的一个主机在内部的 IP 与给予外界的 IP 将会不同，有的防火墙会提供双重 DNS，有的则必须在不同主机上各安装一个 DNS。

（3）虚拟专用网络（virtual private network，VPN）。VPN 可以在防火墙与防火墙或移动的客户端之间对所有网络传输的内容加密，建立一个虚拟通道，让两者感觉是在同一个网络上，可以安全且不受拘束地互相存取。

（4）扫描病毒功能。大部分防火墙都可以与防病毒软件搭配实现扫描病毒功能，有的防火墙则可以直接集成扫描病毒功能，差别只是扫描病毒工作是由防火墙完成，或是由另一台专用的计算机完成。

（5）特殊控制需求。有时候企业会有特别的控制需求，如限制特定使用者才能发送 Email，FTP 只能下载文件不能上传文件，限制同时上网人数，限制使用时间或阻塞 Java、ActiveX 控件等，依需求不同而定。

3. 与用户网络结合

（1）管理的难易度。防火墙管理的难易度是防火墙能否达到目的的主要考虑因素之一。一般企业之所以很少以已有的网络设备直接当作防火墙的原因，除了先前提到的包过滤，并不能达到完全的控制之外，设定工作困难、须具备完整的知识以及不易除错等管理问题，更是一般企业不愿意使用的主要原因。

（2）自身的安全性。大多数人在选择防火墙时都将注意力放在防火墙如何控制连接以及防火墙支持多少种服务，但往往忽略了一点，防火墙也是网络上的主机之一，也可能存在安全问题，防火墙如果不能确保自身安全，则防火墙的控制功能再强，也终究不能完全保护内部网络。

大部分防火墙都安装在一般的操作系统上，如 Unix、NT（new technology）系统等。在防火墙主机上执行的除了防火墙软件外，所有的程序、系统核心，也大多来自操作系统本身的原有程序。当防火墙主机上所执行的软件出现安全漏洞时，防火墙本身也将受到威胁。此时，任何的防火墙控制机制都可能失效，因为当一个黑客取得了防火墙上的控制权以后，黑客几乎可为所欲为地修改防火墙上的访问规则，进而侵入更多的系统，因此防火墙自身应有相当高的安全保护。

（3）完善的售后服务。用户在选购防火墙产品时，除了从以上的功能特点考虑之外，还应该注意好的防火墙应该是企业整体网络的保护者，并能弥补其他操作系统的不足，使操作系统的安全性不会对企业网络的整体安全造成影响。防火墙应该能够支持多种平台，因为使用者才是完全的控制者，而使用者的平台往往是多种多样的，应选择一套符合现有环境需求的防火墙产品。新产品出现，就会有人研究新的破解方法，因此好的防火墙产品应拥有完善及时的售后服务体系。

（4）完整的安全检查。好的防火墙还应该向使用者提供完整的安全检查功能，但是一个安全的网络仍必须依靠使用者的观察及改进，因为防火墙并不能有效地杜绝所有的恶意封包，企业想要达到真正的安全仍然需要内部人员不断记录、改进、追踪。防火墙可以限制唯有合法的使用者才能进行连接，但是否存在利用合法掩护非法的情形仍需依靠管理者来发现。

（5）结合用户情况。在选购一个防火墙时，用户应该从自身考虑以下的因素：

1）网络受威胁的程度。

2）若入侵者闯入网络，将要受到的潜在的损失。

3）其他已经用来保护网络及其资源的安全措施。

4）由于硬件或软件失效，或防火墙遭到"拒绝服务攻击"，而导致用户不能访问 Internet，造成的整个机构的损失。

5）机构所希望提供给 Internet 的服务，希望能从 Internet 得到的服务以及可以同时通过防火墙的用户数目。

6）网络是否有经验丰富的管理员。

7）今后可能的要求，如要求增加通过防火墙的网络活动或要求新的 Internet 服务。

第二节 防火墙设备的安装与调试

实训1：防火墙应用网络

使用计算机设备 2 台、硬件防火墙 1 台，计算机 A 模拟内网计算机，计算机 B 模拟外网计算机，将 A、B 计算机与防火墙进行连接，组成防火墙应用网络，并进行配置与验证。

1. 组建防火墙应用网络

使用两条直通线，将计算机与 H3C 防火墙连接组成调试网络，如图 5-1 所示，分别配置 2 台计算机的网络（TCP/IP）属性，内网计算机 A 网络属性配置 IP 地址：192.168.20.3，子网掩码：255.255.255.0；默认网关：192.168.20.1；外网计算机 B 网络属性配置如图 5-2 所示：IP 地址：202.169.10.6，子网掩码：255.0.0.0；默认网关：202.169.10.1。

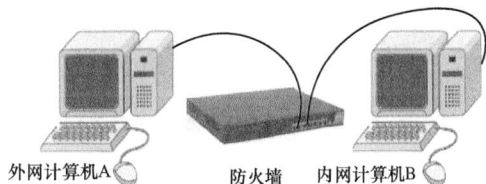

图 5-1 组建防火墙网络

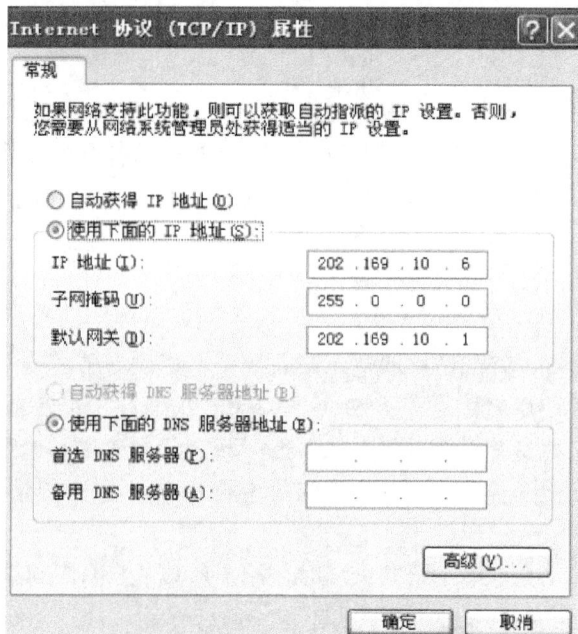

图 5-2　外网计算机 B 网络属性配置

2. 启动 Web 管理

（1）打开超级终端建立新的连接，键入新连接的名称，按【确定】按钮。

（2）设置终端参数：在［连接时使用］一栏选择连接的串口（注意选择的串口应该与配置电缆实际连接的串口一致）。

（3）设置串口参数：在串口的属性对话框中设置波特率为 9600，数据位为 8，奇偶校验为无，停止位为 1，流量控制为无，按［确定］按钮。

（4）进入超级终端编辑窗口，连续按回车键出现"＜H3C＞"表示计算机与防火墙连接成功。

```
<H3C> reset save                            ! 恢复出厂设置
<H3C> reboot                                ! 防火墙重启
<H3C>system                                 ! 进入视图模式
[H3C] firewall packet－filter default permit
                                            ! 默认允许数据包通过
[H3C] interface Ethernet0/0                 ! 进入 0/0 端口
[H3C-Ethernet0/0]IP address 192.168.20.1 255.255.255.0
                                            ! 配置 IP 和掩码
[H3C-Ethernet0/0]quit                       ! 退出
[H3C] firewall zone trust                   ! 配置防火墙信任区域
[H3C-zone-trust] add interface Ethernet0/0
                                            ! 内网 0 口加入信任区域
[H3C] firewall packet-filter default permit
                                            ! 默认允许数据包通过
```

［H3C］interface Ethernet1/0	！配置外网地址0口
［H3C-Ethernet0/0］IP address 202.169.10.1 255.0.0.0	
	！外网接口地址配置
［H3C-Ethernet0/0］quit	！退出
［H3C］firewall zone trust	！配置防火墙信任区域
［H3C-zone-trust］add interface Ethernet1/0	
	！外网0口加入信任区域
［H3C］local-user admin	！建立本地用户"admin"
［H3C-luser-admin］password simple 1234	！设定简单密码"1234"
［H3C-luser-admin］service-type telnet	！权限类型
［H3C-luser-admin］level 3	！高最级别"3"

3. 防火墙策略配置

（1）登录 Web 管理界面，打开 IE 浏览器，在地址栏中输 http：//192.168.20.1，打开登录 Web 管理界面如图 5-3 所示。

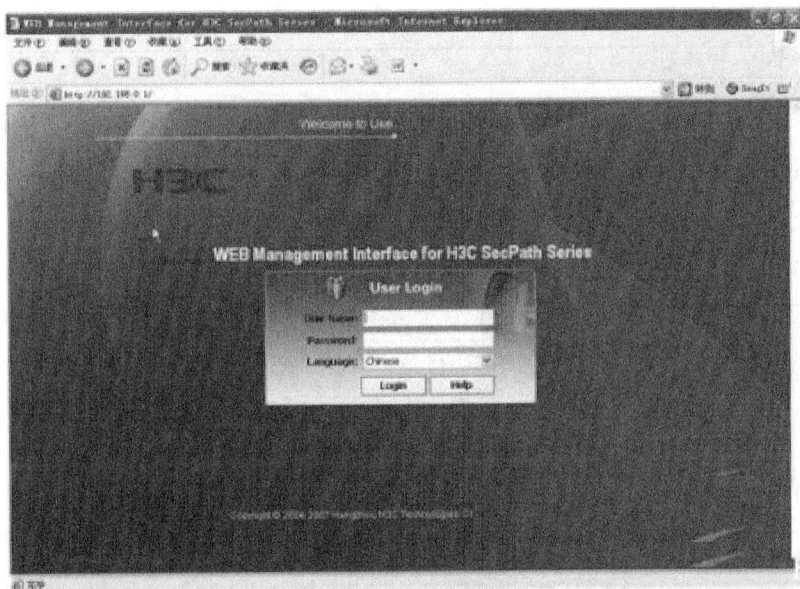

图 5-3　登录 Web 管理界面

（2）在【UserName】栏中输入 admin，【Password】栏中输入 admin，点击【<login>】登录系统。

（3）点击【防火墙管理】→【域间管理】→【ACL】，在右边的 ACL 配置区域中单击【ACL 配置信息】按钮。

（4）在【ACL 编号】→中输入基本 ACL 的编号【2001】（基本 ACL 的编号范围为 2000～2999）→单击【创建】按钮。在下面的列表中选择此【ACL】，→单击【配置】按钮。

（5）在【ACL 配置参数区域中】→从【操作】→下拉框中选择【Permit】→在【源 IP 地址】→栏中输入【192.168.20.0】→【源地址通配符】→中输入【0.0.0.255】→单击【应用】按钮。

（6）在【ACL 配置参数区域中】→从【操作】→下拉框中选择【Deny】→在【源 IP 地址】→栏中输入【192.168.0.0】→【源地址通配符】→中输入【0.0.255.255】→单击【应用】按钮。

（7）在【防火墙管理】→【域间管理】→【NAT】→进入配置界面，点击【地址池管理】→在右边的配置区域中单击【创建】按钮→在【地址池索引号】栏中输入【1】→【起始地址】→栏中输入【202.169.10.1】→【结束地址】→栏中输入【202.169.10.5】→单击【应用】按钮。

（8）点击【地址转换管理】→进入【NAT】→【地址转换管理配置】区域中→在【接口名称】→栏中选择【Ethernet1/0】→在【接口类型】→栏中选择【NAPT】由于地址池的地址数量有限且内部主机较多，选择【NAPT】→以启用【NAT 地址复用】→在【地址池】栏中输入【1】→选中【ACL 编号】→单选框，输入【2001】（已创建好的基本 ACL 编号），单击【应用】按钮。

4. 测试连通内网和外网

（1）内网计算机 A 与外网计算机 B 进行互 PING 命令测试。

（2）外网计算机 B ping 内网计算机 A，外网计算机 B 中打开控制台，输入【ping】命令连接外部计算机，如【ping 192.168.20.3】→【回车】（外网计算机 IP 地址），如果有信息返回如图 5-4 所示。

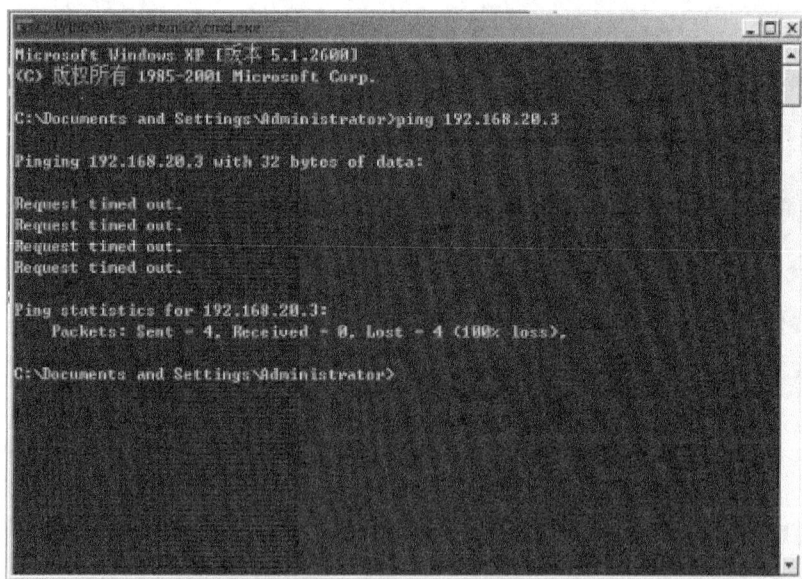

图 5-4　外网计算机 B ping 内网计算机 A

（3）内网计算机 A ping 外网计算机 B，内网计算机 A 打开控制台，输入【ping】命令连接外部计算机，如【ping 202.169.10.6】→【回车】（外网计算机 IP 地址），如果有信息返回如图 5-5 所示。

结果：内网可以 ping 通外网，外网不能 ping 内网，证明配置成功。

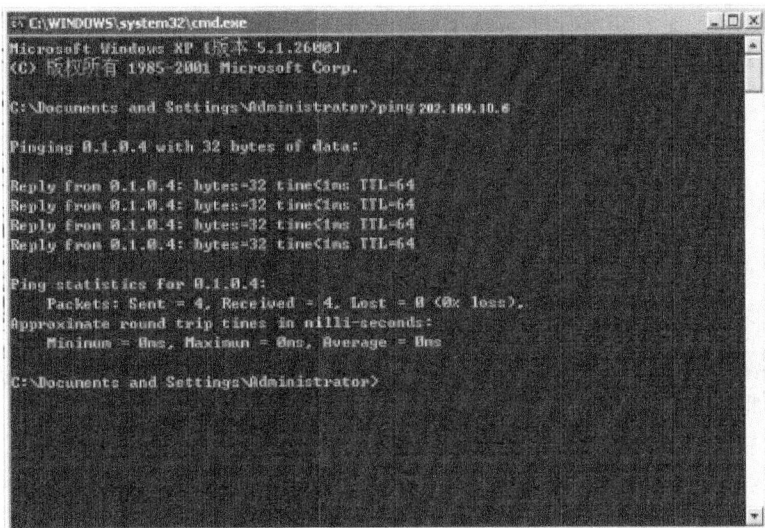

图 5-5 内网计算机 A ping 外网计算机 B

实训 2：策略部署 H3C 防火墙流量控制

为防止网络拥堵以及网络带宽资源的合理分配，要对下载速度进行相应的限制。

1. 对网段限速

例如，对内网 10.10.10.0/24 网段下载限速 2Mbit/s，每个 IP 下载速度不限制（但最大速度小于 2Mbit/s）。

在设备全局配置模式下：

[H3C]qos carl 1 destination-IP-address subnet 10.10.10.1 24

　　　　　　　　　　　　　　　　　　　　　　! 10.10.10.1 是网关地址

[H3C]int g 0/1　　　　　　　　　　　　　! 进入防火墙连接内网的接口

[H3C-GigabitEthernet0/1]qos car outbound carl 1 cir 2000000 cbs 2000000 ebs 0 green pass red discard

2. 对网段内所有 IP 限速

例如，对内网 10.10.10.0/24 网段中每个 IP 下载限速 200kbit/s，整个网段的下载速度不限制。

在设备全局配置模式下：

[H3C]qos carl 2 destination-IP-address subnet 10.10.10.1 24 per-address

　　　　　　　　　　　　　　　　　　　　　　! 10.10.10.1 是网关地址

[H3C]int g 0/1　　　　　　　　　　　　　! 进入防火墙连接内网的接口

[H3C-GigabitEthernet0/1]qos car outbound carl 2 cir 200000 cbs 200000 ebs 0 green pass

实训 3：策略部署 H3C 防火墙行为管理

1. 防止带宽资源滥用

防止带宽资源滥用指通过基于应用类型、网站类别、文件类型、用户/用户组、时间段等的带宽分配策略限制 P2P、在线视频、大文件下载等不良应用所占用的带宽，保障 OA、ERP 等办公应用获得足够的带宽支持，提升上网速度和网络办公应用的使用效率。

2. 防止无关网络行为影响工作效率

防止无关网络行为影响工作效率指可基于用户/用户组、应用、时间等条件的上网授权策略可管控所有与工作无关的网络行为，并可根据各组织不同要求进行授权的灵活调整，包括基于不同用户身份差异化授权、智能提醒等。

3. 为网络管理与优化提供决策依据

为网络管理与优化提供决策依据指提供网络可视化报表，能够提供详细报告让管理者清晰掌握互联网流量的使用情况，找到造成网络故障的原因和网络瓶颈所在，从而对精细化管理网络并持续加以优化提供了有效依据。

4. 防止病毒木马等网络风险

防止病毒木马等网络风险指利用内置的危险插件和恶意脚本过滤等创新技术过滤挂马网站的访问、封堵不良网站等，从源头上切断病毒、木马的潜入，再结合终端安全强度检查与网络准入、DOS 防御、ARP 欺骗防护等多种安全手段，实现立体式安全护航，确保组织安全上网。

操作流程：以 H3C 的防火墙设备为例设置上网行为管理策略。

（1）首先点击导航栏中的"应用控制"，点击"应用安全策略"，进入深度检测界面，如图 5-6 所示。

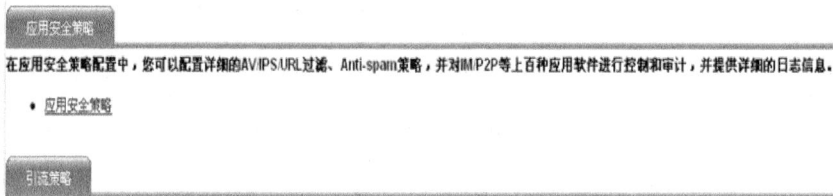

图 5-6　进入深度检测界面

（2）在导航栏中选择"系统管理＞时间表管理"，在创建时间表的界面进行如下配置，设置策略时间段，配置时间表如图 5-7 所示。

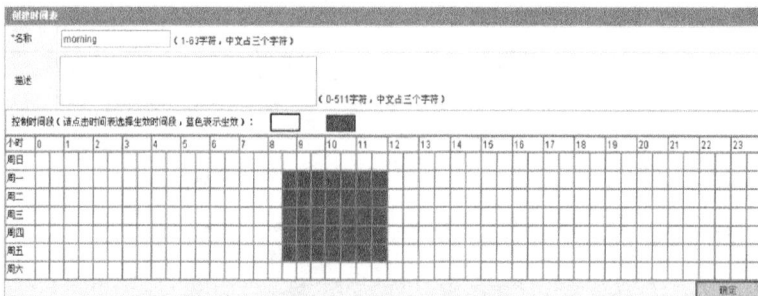

图 5-7　配置时间表

（3）进入"规则管理"单击"创建规则"进行如下配置，输入规则名称，输入域名，选择 URL 路径，规则配置如图 5-8 所示。

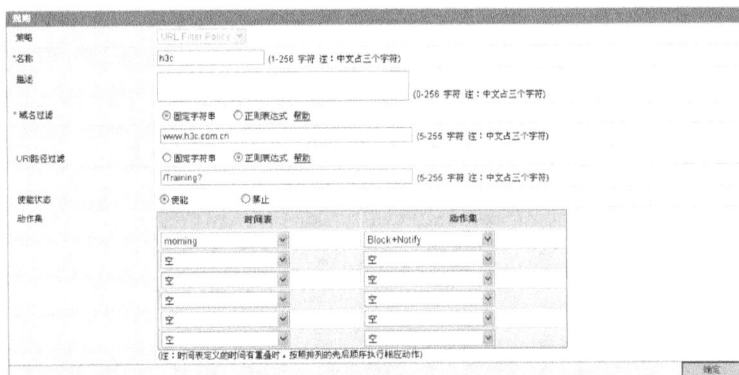

图 5-8 规则配置

（4）在导航栏中选择 URL 过滤＞"段策略管理"单击"新建段策略"按钮完成如下配置，配置新建策略段如图 5-9 所示。

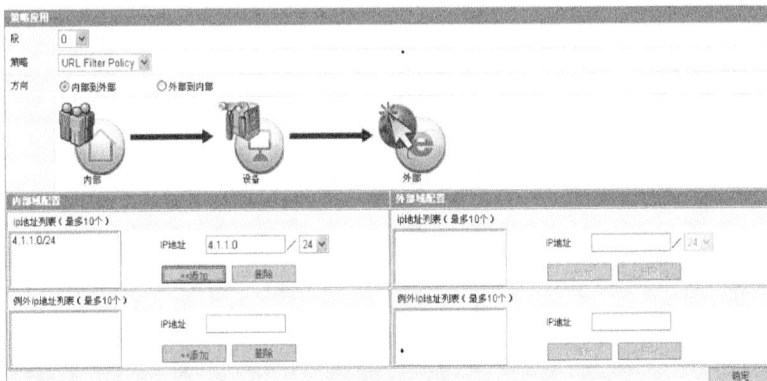

图 5-9 配置新建策略段

（5）单击"激活"按钮弹出确认对话框，在对话框中单击"确认"按钮，将配置激活，配置激活如图 5-10 所示。

图 5-10 配置激活

实训 4：策略部署服务器映射

端口映射指将外网主机的 IP 地址的一个端口映射到内网中一台机器，提供相应的服务。当用户访问该 IP 的这个端口时，服务器自动将请求映射到对应局域网内部的机器上。

以 H3C 防火墙为例，通过策略将内部服务器端口映射到公网中配置防火墙地址，防火墙的 IP 设置如图 5-11 所示。

图 5-11　防火墙的 IP 设置

配置静态路由或默认路由，静态路由的 IP 设置如图 5-12 所示。

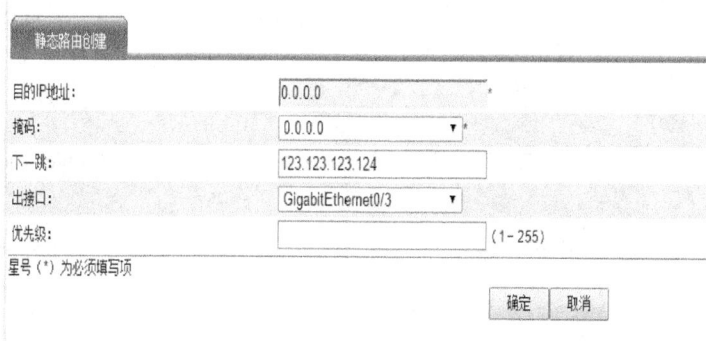

图 5-12　静态路由的 IP 设配置

配置内外网地址完成映射，内外网的 IP 设置如图 5-13 所示。

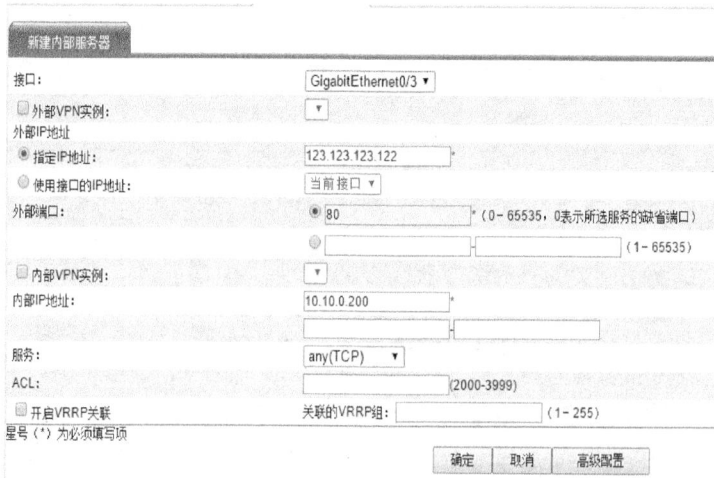

图 5-13　内外网的 IP 设置

第六章 无线网络配置

第一节 无线网络技术概述

一、按范围划分的无线网络

1. 无线广域网

无线广域网（wireless wide area network，WWAN）是采用无线网络技术把物理距离极为分散的局域网（LAN）连接起来的通信方式。WWAN 技术可使用户通过远程公用网络或专用网络建立无线网络连接，通过无线服务提供商负责维护的若干天线基站或卫星系统，这些连接可以覆盖较大的地理范围，从而使分布的局域网互联。无线广域网的结构分为末端系统（两端的用户集合）和通信系统（中间链路）两部分。

2. 无线城域网

无线城域网（wireless metropolitan area network，WMAN）采用无线技术实现在城区的多个场所之间创建无线网络连接。WMAN 使用无线电波或红外光波传送数据。在许多情况下，无线城域网可用来代替现有的有线宽带接入，又称为无线本地环路。

3. 无线局域网

无线局域网（wireless local area network，WLAN）是利用无线网络技术实现局域网应用的产物，具备局域网和无线网络两方面的特征，即 WLAN 是以无线信道作为传输媒体实现的计算机局域网。WLAN 是传输范围在 100m 左右的无线网络，由 Wi-Fi Alliance 推动（目前都以 Wi-Fi 产品的称呼来形容 802.11 的产品），可用于单一建筑物或办公室之内。需要使用 WLAN 的场合主要包括不方便架设有线网络的环境，使用者时常需要移动位置，临时性的网络。

4. 无线个人网

无线个人网（wireless personal area network，WPAN）指在个人工作的地方把属于个人使用的电子设备用无线技术连接起来实现自组网络，不需要使用接入点 AP。WPAN 技术使用个人操作空间（personal operation space，POS）设备，POS 指以个人为中心，最大距离为 10m 的一个空间范围。

二、无线路由器

无线路由器是无线 AP 与宽带路由器的结合，集成了无线 AP 的接入功能和路由器的第三层路径选择功能。

借助于无线路由器，可以实现无线网络中的 Internet 连接共享及 ADSL、Cable Modem和小区宽带的无线共享接入。无线路由器通常拥有一个或多个以太网接口，如果家庭中使用安装双绞线网卡的计算机，可以选择多端口无线路由器，实现无线与有线的连接，并共享Internet。如图 6-1 所示是一个无线路由器。

三、无线接入点

无线接入点（access point，AP），是在无线局域网环境中进行数据发送和接收的设备，相当于有线网络中的集线器。如图 6-2 所示是一个无线 AP 设备。无线 AP 是移动计算机用户进入有线网络的接入点，主要用于家庭宽带、大楼内部以及园区内部，目前主要支持的标准为 IEEE 802.11 系列。一般无线 AP 的最大覆盖距离可达 300m。大多数的无线 AP 都支持多用户接入、数据加密、多速率发送等功能，在家庭、办公室内，一个无线 AP 便可实现所有计算机的无线接入。

图 6-1　无线路由器　　　　　　　图 6-2　无线 AP 实物图

第二节　无线网络的安装配置

实训 1：4G 工业级无线路由的安装

一、无线路由器

外形及尺寸如图 6-3 和图 6-4 所示。固定片与路由设备螺丝规格为：M3×5mm 沉头螺丝。

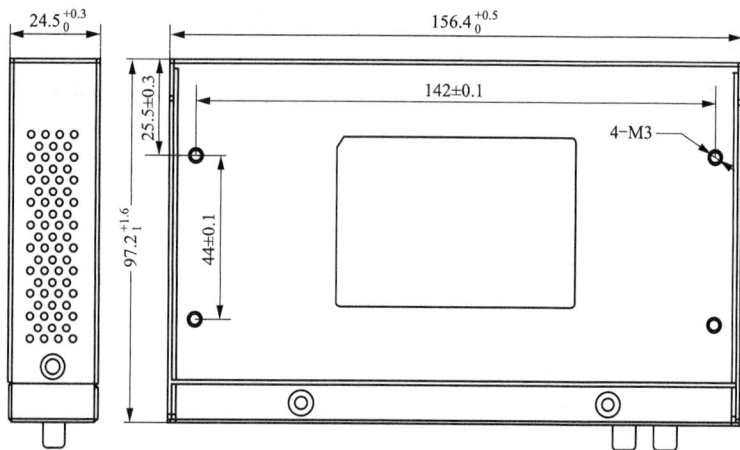

图 6-3　无线路由器外形　　　　图 6-4　无线路由器尺寸产品规格（单位：mm）

二、天线安装

无线广域网天线接口为 SMA 阴头插座（标识为"ANT-M"和"ANT-A"），将配套的无线蜂窝天线的 SMA 阳头旋到该天线接口上，并确保旋紧，以免影响信号质量；无线局域网天线接口为 SMA 阳头插座（标识为"Wi-Fi"），将配套 Wi-Fi 天线的 SMA 阴头旋到该天线接口上，并确保旋紧，以免影响信号质量。注意：无线蜂窝天线和 Wi-Fi 天线不能接反，否则设备无法工作。

三、SIM/UIM 卡安装

安装或取出 SIM/UIM 卡时，先用尖状物轻轻顶住退卡钮（SIM/UIM 左侧的圆形小圆点），SIM/UIM 卡套即可弹出；安装 SIM/UIM 卡时，先将 SIM/UIM 卡放入卡套，并确保 SIM/UIM 卡的金属接触面朝外，再将 SIM/UIM 卡套插入抽屉中，并确保插到位。

四、连接网线

将网络直连线的一端插到 Router 的 LAN 口上，另一端插到用户设备的以太网接口上。网络直连线信号连接如图 6-5 所示。

图 6-5　网线连接

五、连接 Console 线（需使用串口时连接）

将 Console 线的 RJ45 端插到 Router 的 Console 接口上（RS232），DB9 端插到用户设备的 RS232 串行接口上。

六、电源说明

Router 通常应用于复杂的外部环境，为了适应复杂的应用环境，提高系统的工作稳定性，Router 采用了先进的电源技术，用户可采用标准配置的 12V DC/1.5A 电源适配器给 Router 供电，也可以直接用直流 5~36V 电源给 Router 供电。当用户采用外加电源给 Router 供电时，必须保证电源的稳定性（纹波小于 300mV，并确保瞬间电压不超过 36V），并保证电源功率大于 8W 以上。推荐使用标配的 12V DC/1.5A 电源。

七、指示灯说明

Router 提供以下指示灯："WAN/LAN" "LAN" "System" "Wi-Fi" "Online" "SIM" "信号强度" "Power" 等指示灯。各指示灯状态说明如图 6-6 所示。

指示灯	状态	说明
Power	亮	设备电源正常
	灭	设备未上电/处于定时开关机功能的关机期间
System	闪烁	系统正常运行
	灭	系统不正常
Online	亮	设备已登录网络
	灭	设备未登录网络
SIM	亮	识别到 SIM/UIM 卡
	灭	未识别到 SIM/UIM 卡
LAN	灭	相应网络接口未连接
	亮/闪烁	相应网络接口已连接/正在数据通信
WAN/LAN	灭	WAN/LAN 接口未连接
	亮/闪烁	WAN/LAN 接口已连接/正在数据通信
Wi-Fi	灭	Wi-Fi 未启动
	亮	Wi-Fi 已启动
信号强度指示灯	亮一个灯	信号强度较弱(小于-90dbm)
	亮两个灯	信号强度中等(-70~-90dbm)
	亮三个灯	信号强度极好(大于-70dbm)

图 6-6　指示灯说明

实训 2：无线设备的配置

某公司乔迁新居，现暂无网络部署，公司领导经商议后决定采用无线路由加无线 AP 的组网形式实现全公司的网络覆盖。拓扑图如图 6-7 所示，要求：在基础网络中通过配置无线路由和无线 AP 使全网互通。

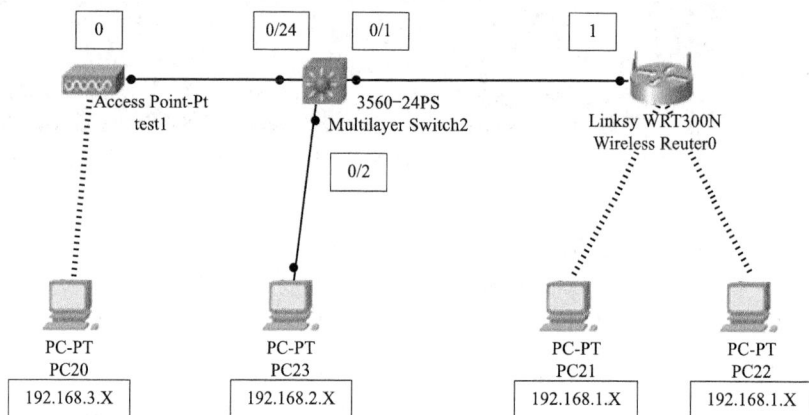

图 6-7　无线设备的配置拓扑图

三层交换机配置：
Switch＞enable
Switch＃config terminal
Switch(config)＃VLAN 10
Switch(config-VLAN)＃exit
Switch(config)＃VLAN 20

Switch(config-VLAN)♯exit

Switch(config)♯VLAN 30

Switch(config-VLAN)♯exit

Switch(config)♯interface f0/1

Switch(config-if)♯switchport access VLAN 10　　　Switch(config-if)♯exit

Switch(config)♯interface f0/2

Switch(config-if)♯switchport access VLAN 20

Switch(config-if)♯exit

Switch(config)♯interface f0/24

Switch(config-if)♯switchport access VLAN 30　　Switch(config-if)♯exit

Switch(config)♯interface VLAN 10

Switch(config-if)♯IP address 192.168.1.1 255.255.255.0

Switch(config-if)♯no shutdown

Switch(config-if)♯exit

Switch(config)♯interface VLAN 20

Switch(config-if)♯IP address 192.168.2.1 255.255.255.0

Switch(config-if)♯no shutdown

Switch(config-if)♯exit

Switch(config)♯interface VLAN 30

Switch(config-if)♯IP address 192.168.3.1 255.255.255.0

Switch(config-if)♯no shutdown

Switch(config-if)♯exit

Switch(config)♯IP dhcp pool 10　　　　　　　　! 创建一个名为 10 的池

Switch(dhcp-config)♯network 192.168.1.0 255.255.255.0

　　　　　　　　　　　　　　　　　　　　! 指定 dhcp 地址池的 IP,子网掩码

Switch(dhcp-config)♯default-router 192.168.1.1　! 设置网关地址

Switch(dhcp-config)♯exit

Switch(config)♯IP dhcp pool 20　　　　　　　　! 创建一个名为 20 的池

Switch(dhcp-config)♯network 192.168.2.0 255.255.255.0

　　　　　　　　　　　　　　　　　　　　! 指定 dhcp 地址池的 IP,子网掩码

Switch(dhcp-config)♯default-router 192.168.2.1　! 设置网关

Switch(dhcp-config)♯exit

Switch(config)♯IP dhcp pool　　　　　　.　　　! 创建池

Switch(config)♯IP dhcp pool 30　　　　　　　　! 创建一个名为 30 的池

Switch(dhcp-config)♯network 192.168.3.0 255.255.255.0

　　　　　　　　　　　　　　　　　　　　! 指定 dhcp 地址池的 IP,子网掩码

Switch(dhcp-config)♯default-router 192.168.3.1　! 设置网关

Switch(dhcp-config)♯exit

无线路由器配置:

设定无线网络的名称，如图 6-8 所示。

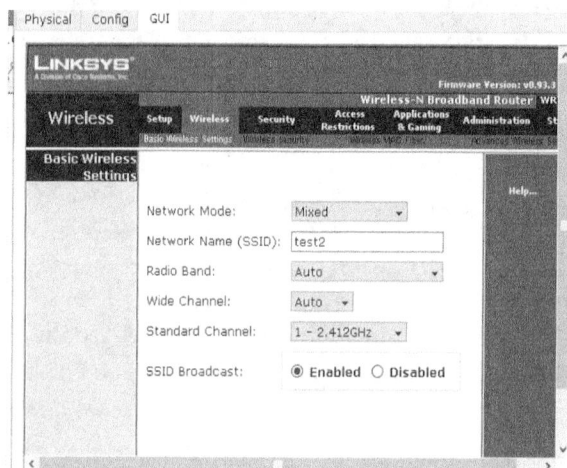

图 6-8　无线路由名称设定

关闭无线设备自带的 DHCP 功能，如图 6-9 所示。

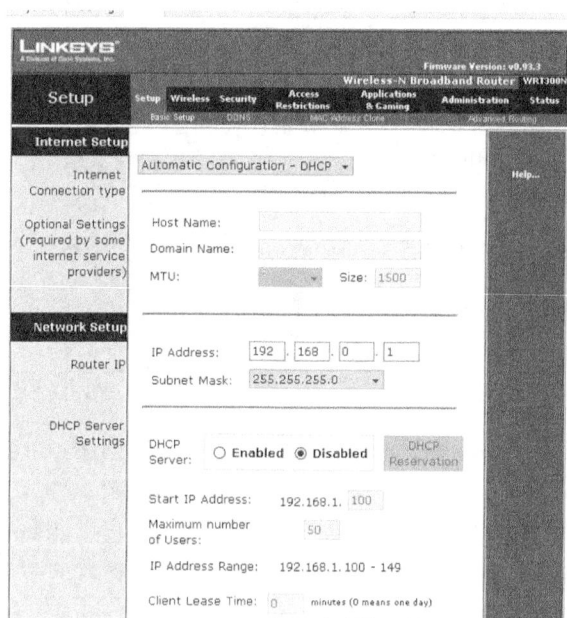

图 6-9　关闭无线设备的 DHCP 功能

无线 AP 配置，如图 6-10 所示。

PC 端信号选择配置如图 6-11 信号图标、图 6-12 操作界面所示，点击 Connect，根据步骤操作，选择信号强度最好的设备进行连接。

图 6-10　无线 AP 设置

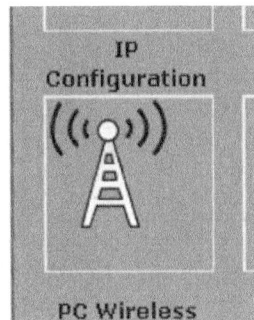

图 6-11　信号图标

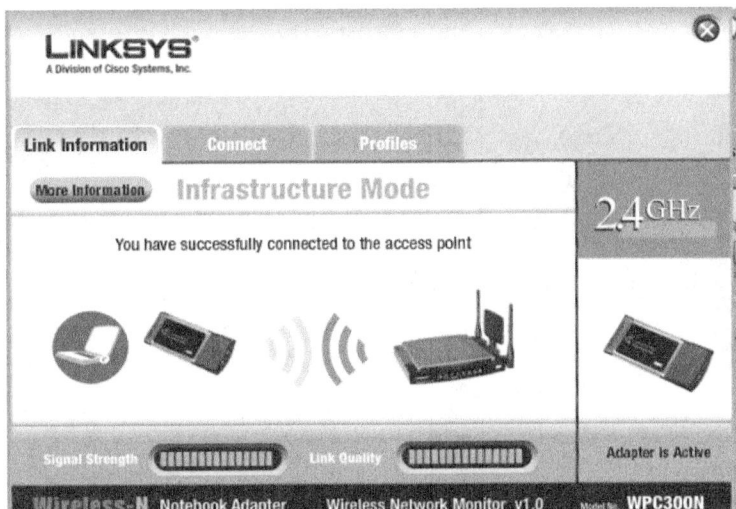

图 6-12　操作界面

实训 3　MAC 地址绑定

某公司的无线网络已经搭建完成，但在日常的使用中经常发现有陌生人蹭网，导致公司网速出现明显下降，日常工作受到严重影响，公司领导得知此事后要求立即通过技术手段解决。

经研究公司决定采用 MAC 地址绑定的方式，其优势有：

（1）在 IP 地址有限的情况下，确保已知的部分设备可以在任何情况下使用。

（2）安全考虑，未经过绑定的 MAC 地址，无法通过路由器上网。

（3）避免网络发生 ARP 攻击，中间人攻击等。

实施步骤如下：

（1）通过对路由器的配置做到 MAC 地址绑定。

以 tp-link 无线路由为例：

通过浏览器进入路由器操作界面如图 6-13 所示的操作界面。

（2）点击无线 MAC 地址过滤设置选项如图 6-14 所示的 MAC 地址输入栏。

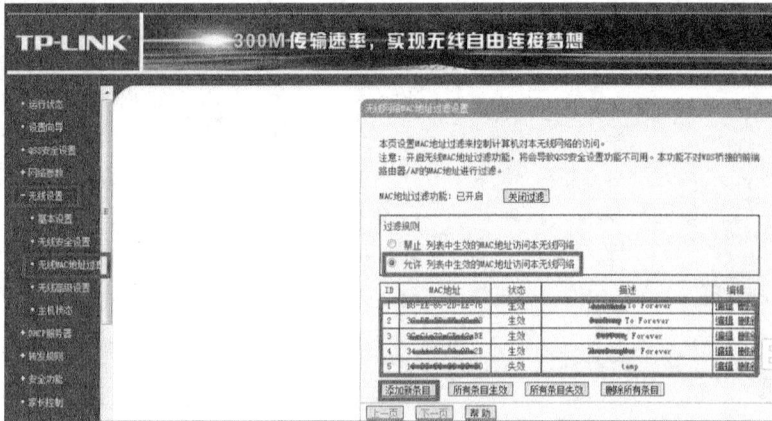

图 6-13　操作界面

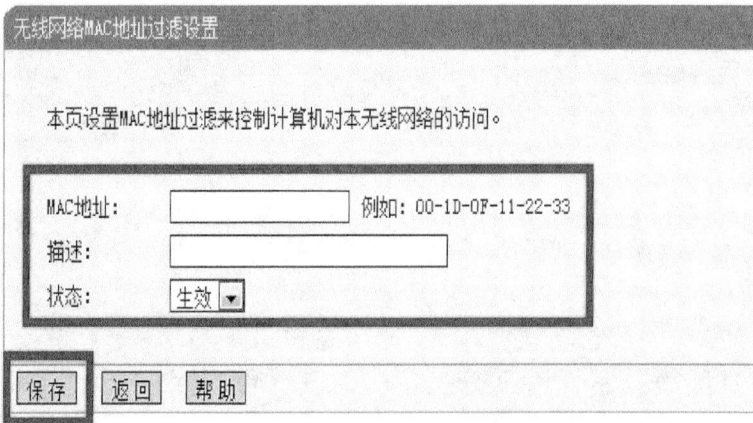

图 6-14　MAC 地址输入栏

（3）设置相关状态参数如图 6-15 所示的 MAC 地址过滤状态选择。

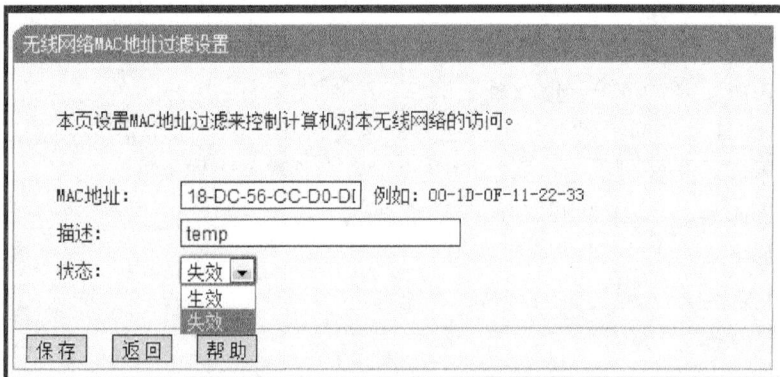

图 6-15　MAC 地址过滤状态选择

这样在允许 MAC 列表之外且状态不是"生效"的设备均无法使用这个无线网络。

实训 4 流 量 限 制

某公司的无线网络已经搭建完成，但在日常的使用中部分员工利用公司网络下载与工作无关的视频及资料，导致公司网速出现明显下降，日常工作受到严重影响，公司领导得知此事后要求立即通过技术手段解决。

实施步骤如下：以 tp-link 无线路由为例。

（1）通过浏览器进入路由器操作界面如图 6-16 所示的操作界面。

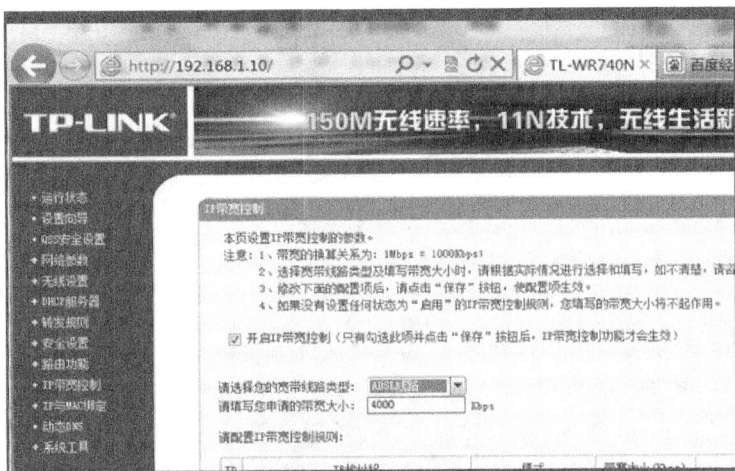

图 6-16 操作界面

（2）点击 IP 带宽控制选项如图 6-17 所示的流量控制界面。

图 6-17 流量控制界面

（3）然后再单击左侧的"IP 带宽控制"链接，在右边勾选上"开启 IP 带宽控制"复选框并在下面选择正确的网速：然后，再在下面的规则中填写要控制的 IP 和带宽大小，同时也设置自己的电脑"保证最小带宽"，并且全部选择"启用"。

第七章 卫星及有线电视系统

第一节 有线电视概述

一、有线电视系统：

有线电视起源于共用天线电视系统（master antenna television，MATV）。共用天线系统是多个用户共用一组优质天线，以有线方式将电视信号分送到各个用户的电视系统。

1. 定义

有线电视系统：是用射频电缆、光缆、多频道微波分配系统（缩写 MMDS）或其组合来传输、分配和交换声音、图像及数据信号的电视系统。

2. 产生

本着更清晰、更多套的原则，网络从 300MHz 邻频传输逐步升级，高带宽、光缆化称为城市 CATV 建设的基础，光缆/同轴电缆混合网（hybrid fiber-coaxial，HFC）网络在全国范围内初具规模。经过 5～6 年的飞速发展，CATV 逐渐降温，从哪里增值及如何发挥网络的巨大潜力，成了 CATV 首先需要解决的问题。人们渐渐意识到，虽然有线电视网最初的服务等位在提供高质量、多套的电视服务，建网时也采用单向广播技术，但 HFC 的业务扩展性是相当大的。在 HFC 网络上进行数字数据综合业务传输的带宽可达 1GHz。除传输模拟视频外，还有很多的频带资源留给数字视频传输和双向数据通信，利用 HFC 网络可以较好的支持 Internet 访问等，于是通过 CATV 网接入到 Internet，便被提到了日程上。

3. 发展

中国有线电视的发展走的是一条由上至下，由局部到整体的路线。各地有线电视的发展一般都是由最初的居民楼闭路电视，发展到小区有线电视互连，进而整个城域（行政辖区）的有线电视互连。自 1990 年以后，中国有线电视从各自独立的、分散的小网络，向以部、省、地市（县）为中心的部级干线、省级干线和城域联网发展，并已成为全球第一大有线电视网。

目前，我国的有线电视网有两大优势：带宽很宽；覆盖率高于电信网。电信网形成时只是为了一个业务，那就是打电话，而打电话只要求 64kbit/s 的带宽，所以整个网络的设计也就仅局限于这 64kbit/s。这样一来电信网的带宽就存在瓶颈，限制了网络速度的提高。尽管电信采取了 ISDN、ADSL（非对称线性环路），目前可做到 6Mbit/s、8Mbit/s、10Mbit/s 的带宽，但在当前价位上提高的余地不大，再往前走，成本将非常高；而 CATV 同轴电缆带宽很容易可以做到 800Mbit/s，就现在的带宽要求而言，CATV 网的能力绰绰有余。

近年来，深圳、上海、大连、青岛、苏州、南京、广东等有线电视台进行了多功能业务先导网实验。现已实验开通的业务有高速因特网接入、计算机联网、视频点播、音频点播、网上购物、可视电话、电视会议等内容。实验验证了有线电视网的关键技术，如回传噪声的客服、Cable MODEM 应用等的可行性，为多项功能的全部铺开积累了经验。

4. 特点与优点

（1）收视节目多，图像质量好。在有线电视系统中可以收视当地电视台开路发送的电视节目，包括 VHF 和 UHF 各个频道的节目。有线电视采用高质量信号源，保证信号的高水平，因为用电缆或光缆传送，避免了开路发射的重影和空间杂波干扰等问题。

（2）有线电视系统可以收视卫星上发送的波段中以 C 波段及 ku 波段电视频道的节目为主。

（3）有线电视系统可以收视当地有线电视台（或企业有线电视台）发送的闭路电视。闭路电视可以播放优秀的影视片，也可以是自制的电视节目。

（4）有线电视系统传送的距离远，传送的电视节目多，可以很好地满足广大用户看好电视的要求。当采用先进的邻频前端及数字压缩等新技术后，频道数目还可大为增加。

（5）根据不少地方有线电视台和企业有线电视台的经验，有线台比个人直接收视既经济实惠，又可以极大地丰富节目内容。对于一个城市而言，集中的天线阵，使城市更加美化。

（6）有线电视随着技术的不断发展和人民生活水平的不断提高，还可以进一步发展，例如电视频道数目可以不断加多，自办节目也可以不断增加，而且还可以发展双向传送功能，利用多媒体技术把图像、语言、数字、计算机技术综合成一个整体进行信息交流。国外双向系统早已实用化，其主要功能主要有以下几个方面：

1）保安、家庭购物、电子付款、医疗。

2）付费电视节目可放送最新电影等，可以按月付费租用一个频道，也可以按租用次数付费，用户还能点播所需节目。付费用户装有解密器，未付费用户则无法收看。

3）用户可与计算中心联网，进行数据信号，实现计算机通信。

4）交换电视节目。

5）系统工作状态监视。

5. 组成

有线电视系统由前端、干线系统以及分配系统三部分组成。

前端负责信号的处理。对于卫星电视接收机、录像机等输出的视频、音频信号进行调制，调制成某一电视频道的高频信号或者先调制成中频后经中频处理后再上变频成高频信号；接收的开路电视信号可以直接进行放大或者解调成视音频信号再进行调制，也可直接下变频成中频经中频处理后再上变频成高频信号。各路处理好的电视高频信号也由前端进行混合后输出给干线系统。

干线系统负责信号的传输，要指出的是支线也包括在干线系统中。干线系统由干线电缆、支线电缆、干线放大器和分配器、分支器等组成，在远距离传输时也会用到光纤或微波。

分配系统负责将信号分配给每个用户。由分配放大器、分配器、分支器、分支电缆、用户分支器、串接单元、用户电缆、用户盒等组成。

6. 挑战

（1）网络电视（IPTV）动摇着有线电视的垄断地位。网络电视作为一种新型的视频节目传输形态在全球迅速发展，对有线电视来说具有很强的竞争力。

（2）互联网动摇着电视第一媒体的地位。互联网集报纸、广播、电视三大媒体的优势和双向互动的优势于一身，深受人们的欢迎；而有线电视目前提供的服务仍是广播式单向的电视传输，已满足不了用户的需求。

（3）有线电视网络公司营业收入来源单一，抗风险能力低。

二、数字电视技术的发展

1. 数字有线电视在我国面临良好的发展机遇

（1）有线电视目前在中国有 2.22 亿用户。经济发达地区和城市的电视用户多数通过有线收看电视节目，同时有线电视数字化的技术基础也较成熟。有线电视数字化的发展将能够支持最全面的业务。

（2）我国尚未放开个人和家庭直接接收卫星电视信号的限制，数字电视的地面广播，有关标准国际上正在制定中。实现数字有线电视广播在传输链路上的投资最少。目前最有条件发展的则是数字有线电视。

2. 数字电视的分类

数字电视分为两类：标准清晰度电视（SDTV）和高清晰度电视（HDTV）。对标准清晰度电视，其图像和伴音质量比模拟电视有所提高，并且频道利用率高，在目前模拟电视的一个频道内可以播 4 套（或更多）数字电视节目；对高清晰度电视，其画面可提供相当于 SDTV 画面 5 倍多的信息量，因此，HDTV 具有更高的图像分辨率，清晰度是目前模拟电视画面清晰度的 2～3 倍。

三、数字通信基础知识

1. 信道与带宽

传输信息的通路称为信道，可以分为两种：传输模拟信号的称为模拟信道，传输数字信号的信道称为数字信道。

信道所能传送信号的频率范围，称为带宽。传输信道的最小频道宽度应大于或等于数字信号本身频谱的宽度。

2. 数据传输速率

比特率：指二进制数码流的数据传输速率，单位为 bit/s（简写 b/s），表示每秒传输多少个二进制元素（每一个二进制的元素称为比特）。

波特率：也就是符号率，又称调制速率，是针对模拟数据信号传输过程中，调制解调器输出的调制信号每秒钟载波调制状态改变的数值，单位是 B/s，称为波特（baud）率。

$R = B\log 2N$（b/s），其中 R 是比特率，B 是波特率，N 是 n 比特的电平数（即进制数 $\log 2N = n$）。

3. 信源编码

信源编码包括抽样、量化、编码和信源数据压缩编码四部分。

（1）抽样：将时间上连续的取值变为有限个离散取值的过程。

（2）量化：将经抽样后幅度上无限多种连续的样值变为有限个离散值的过程。

（3）编码：把量化后的信号按照一定的对应关系转变成一系列数字编码脉冲的过程。

（4）信源数据压缩编码：降低传输数据率。

四、数字电视技术的相关标准

正如模拟电视有 PAL、NTSC 和 SECAM 等制式一样，数字电视也要制定本身的标准。目前数字电视标准有三种：美国的 ATSC、欧洲的 DVB，日本的 ISDB。其中前两种标准用得较为广泛，中国使用的是 DVB 标准。

1. 美国高级电视系统委员会

美国高级电视系统委员会（Advanced Television System Committee，ATSC），于 1995

年经美国联邦通讯委员会正式批准作为美国的高级电视（ATV）国家标准。ATSC标准规定了一个在 6MHz 带宽内传输高质量的视频、音频和辅助数据的系统，在地面广播信道中可靠地传输约 19Mbit/s 的数字信息，在有线电视频道中可靠传输 38Mbit/s 的数字信息，使该系统能提供的分辨率是常规电视的 5 倍之多。ATSC 被加拿大、韩国、阿根廷、中国台湾、墨西哥采用，亚洲及中北美洲的许多国家也正在考虑使用。

2. 数字视频广播

数字视频广播（digital video broadcasting，DVB）是欧洲广播联盟组织的一个项目。DVB 项目的主要目标是要找到一种对所有传输媒体都适用的数字电视技术和系统。因此，DVB 的设计原则是使系统能够灵活地传送 MPEG-2 视频、音频和其他数据信息，使用统一的 MPEG-2 传送比特流复用，同时使用统一的服务信息系统、加扰系统（可有不同的加密方式）、RS 前向纠错系统，最终形成一个通用的数字电视系统。不同传输媒体可选用不同的调制方式和信道编码方法，其中 DVB-S 采用 QPSK，DVB-C 采用 QAM，DVB-T 采用 COFDM。所有的 DVB 系列标准完全兼容 MPEG-2 标准，同时制定了解码器公共接口标准、支持条件接收、提供数据广播系统等特性。

3. 日本数字电视

日本数字电视（integrated-services digital broadcasting，ISDB）标准于 1993 年 9 月制定。ISDB 核心内容包括：既传数字电视节目，又传其他数据的综合业务服务系统；视频编码、音频编码、系统复用均遵循 MPEG-2 标准；传输信道以卫星为主。

4. 区别

ATSC 和 DVB 标准在信道的传输方式、数字音频压缩标准、节目信息表上都有所差别。ATSC 标准关注的是 UHF 和 VHF 频道的数字地面 HDTV，在 6MHz 信道内只提供 9.3Mbit/s 的固定码率，欧洲 DVB 以单一系统方式针对 SDTV 和 HDTV，可用于所有广播媒体，在设计上码率可变，在 8MHz 内可选择 4.9～31.7Mbit/s 不同的传输码率；在支持条件接收方面，ATSC 还没有进行相应的工作。

这三个标准的区别分别是：传输：美国首先考虑地面广播信道，欧洲和日本考虑卫星信道；图像规格：美国考虑地面广播 HDTV，欧洲强调图像可分级性，日本强调多种数字业务集成，不只传一种 HDTV 信号；数字调制方式：美国地面广播采用 8-VSB 或 16-VSB；欧洲和日本地面广播采用 OFDM。

5. 我国的基本情况

卫星通信技术标准：已经确定采用 DVB-S。

有线通信技术标准：正在试行 DVB-C。

五、有线电视系统主要设备

有线电视系统主要设备如图 7-1 所示。

| 卫星电视接收 | 调制器 | 混频器 | 信号放大器 | 视频分配器 |

图 7-1　有线电视系统主要设备

1. 接收天线

接收天线为获得地面无线电视信号、调频广播信号、微波传输电视信号和卫星电视信号而设立。天线根据需要可选择抛物面天线或引向天线（八木天线），抛物面天线如图 7-2 所示，引向天线如图 7-3 所示。

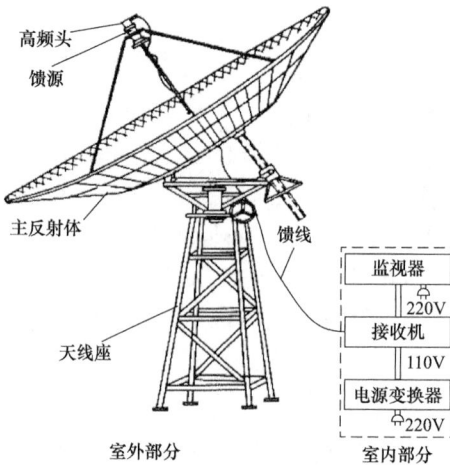

图 7-2　抛物面天线

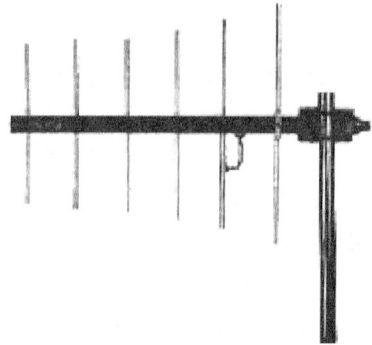

图 7-3　引向天线

接收天线位置的确定

（1）天线宜架设在电视信号场较强、电磁波传输路径单一处，避开信号反射，远离汽车频繁通过的公路、电气化铁路、高压电线等。

（2）当多频道天线共用架杆时，各天线上下间距不得小于 1.5～2m，并将高频道天线置于低频道天线之上。

（3）若天线需要竖装在楼顶时，要设置基座。

（4）应十分重视天线避雷的问题前端设备。前端设备主要包括天线放大器、混合器、干线放大器等，如图 7-4 所示。天线放大器的作用是提高接收天线的输出电平和改善信噪比，以满足处于弱场强区和电视信号阴影区公用天线电视传输系统主干线放大器输入电平的要求；干线放大器安装在干线上，主要用于干线信号电平放大，以补偿干线电缆的损耗，增加信号的传输距离；混合器是将所接收的多路信号混合在一起，合成一路输送出去，而又不互相干扰的一种设备，可以消除因不同天线接收同一信号而互相叠加所产生的重影现象。

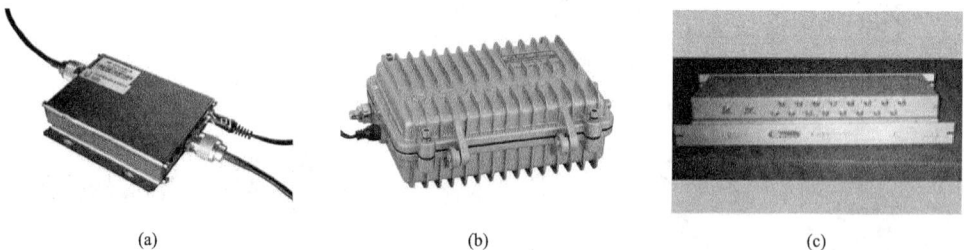

(a)　　　　　　　　　(b)　　　　　　　　　(c)

图 7-4　放大器与混合器

(a) 天线放大器；(b) 干线放大器；(c) 混合器

2. 传输分配网络

分配网络分为有源和无源两类。无源分配网络只有分配器、分支器和传输电缆等无源器件，其可连接的用户较少；有源分配网络增加了线路放大器，因而其所接的用户数量可以增多。

分配器用于分配信号，将一路信号等分成几路。常见的有二分配器、三分配器、四分配器。分配器的输出端不能开路或短路，否则会造成输入端严重失配，同时还会影响到其他输出端。

分支器用于把干线信号取出一部分送到支线里去。它与分配器配合使用可组成形形色色的传输分配网络。分支器又叫定向耦合器。

线路放大器是用于补偿传输过程中因用户增多、线路增长后信号损失的放大器，多采用全频道放大器。

在分配网络中各元件之间均用馈线连接，馈线是信号传输的通路，分为平行馈线和同轴电缆。

3. 用户终端

公共天线电视系统的用户终端为供给电视机电视信号的接线器，又称为用户接线盒。用户接线盒有单孔盒和双孔盒之分，单孔盒仅输出电视信号；双孔盒既能输出电视信号又能输出调频广播的信号。

小型 CATV 系统的系统组成，如图 7-5 所示。

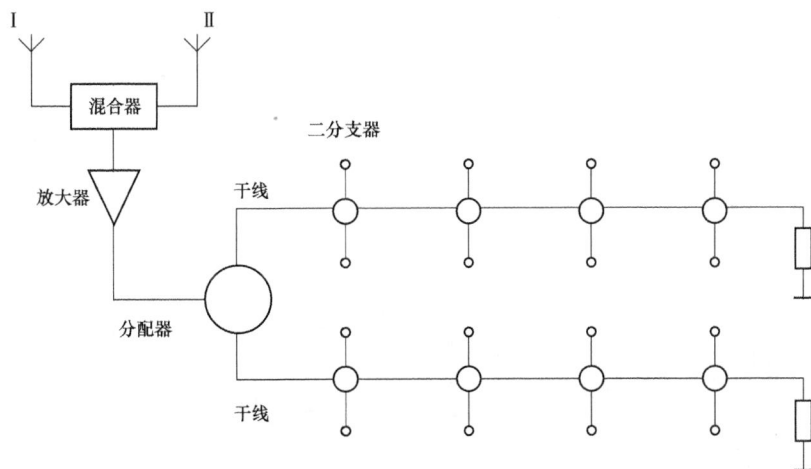

图 7-5　小型 CATV 系统图

实训 1：系统原理及系统接线结构

（1）系统原理图。系统原理图如图 7-6 所示。

（2）系统接线。系统接线图如图 7-7 所示。

（3）了解系统结构，画出有线电视系统原理方块图填入图 7-8。

提示：根据所学内容按照有线电视通信系统的结构填空。

（4）了解系统原理结构，请把有线电视系统有哪些器件，器件的作用填入表 7-1。

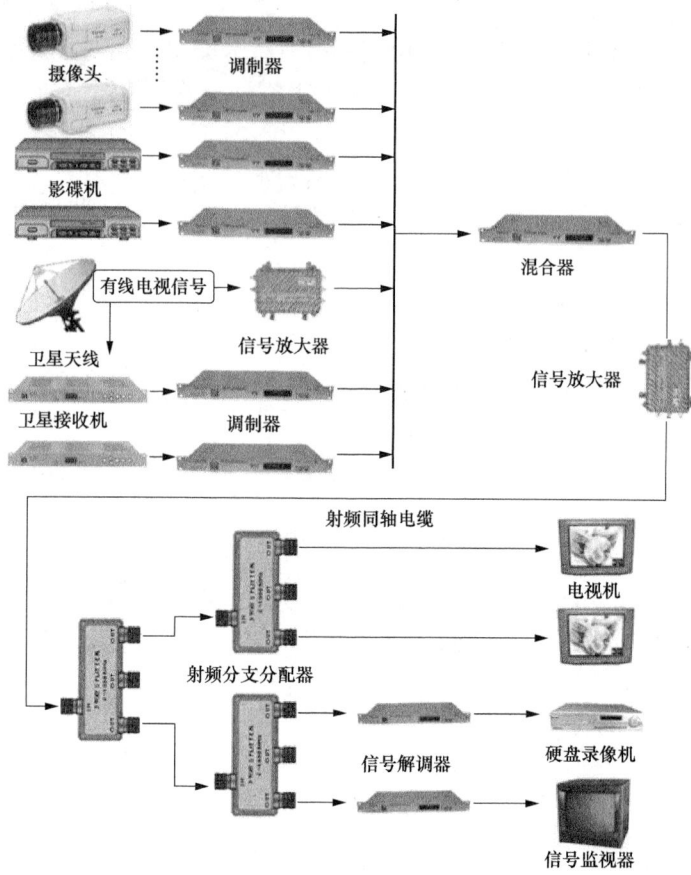

图 7-6　系统原理图

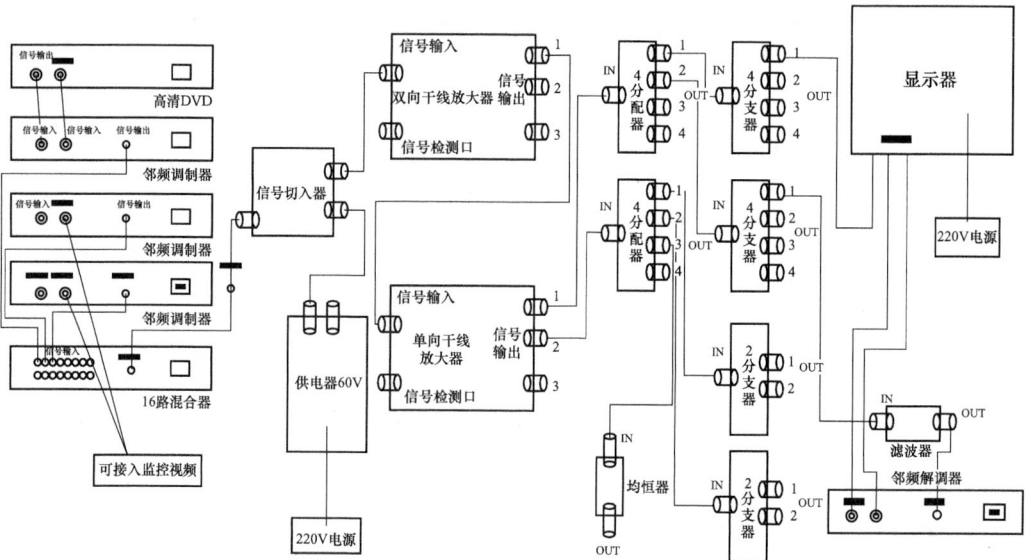

图 7-7　系统接线图

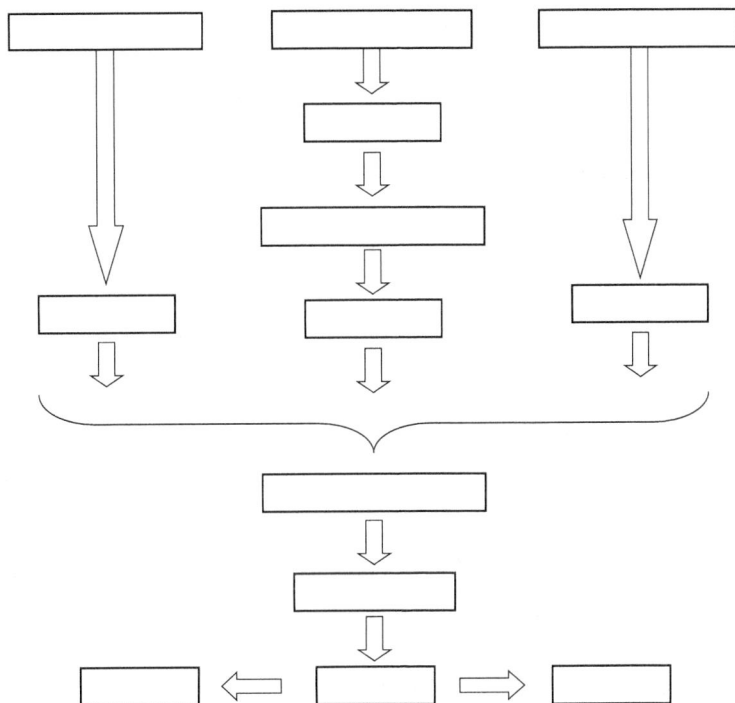

图 7-8 有线电视系统原理方块图

表 7-1 **器 件 统 计 表**

序号	器件名称	作用	备注

实训 2：卫星接收机的安装作业

1. 主要材料

天线应采用屏蔽较好的聚氯乙烯外护套的同轴电缆，并应有产品合格证。

分配器、天线放大器、混合器、分支器、干线放大器、分支放大器、线路放大器、频道转换器、机箱、C 波段高频头、锅盖、F 头。

其他材料：焊条、防水弯头、焊锡、焊剂、接插件、绝缘子等。

2. 主要机具

主要机具包括手电钻、冲击钻、克丝钳、一字改锥、十字改锥、电工刀、尖嘴钳、扁口钳、水平尺、线坠、大绳、高凳、工具袋等。

3. 作业条件

随土建结构砌墙时，预埋管和用户盒、箱已完成。土建内部装修油漆浆活全部施工完。

同轴电缆已敷设完工。如没有条件，可进行明敷管线安装线路。

4. 操作工艺

（1）天线安装：选择好天线的位置、高度、方向；天线基座应随土建结构施工一起做好；天线竖杆与拉线的安装；对天线本身认真地检查和测试，然后组装在横担上，各部件组装好安装在预定的位置并固定好，并作好接地。天线与照明线及高压线间的距离应符合要求。

（2）前端设备和机房设备的安装：机房内土建装修完成，基础槽钢做完；暗装的箱体、管路已安装好。没有此条件时，请安装好的同轴信号线辅到设备接收机处。先安装机房设备，再做机箱安装，做好接地。

（3）高频头接线操作方法：中间的铜芯长度千万不要超过 1cm，太长会造成高频头、机器短路而烧毁。

1）套上 F 头，顺时针用力拧。

2）拧到露出中间的铜芯 1～2mm 为止。

第二节　传　输　系　统

一、同轴电缆的结构

1. 同轴电缆的结构组成

同轴电缆的结构由内导体、绝缘介质、外导体（屏蔽层）、护套组成。

（1）内导体，即电缆中的芯线，作用是传输供电电流和有线电视信号的主体。内导体（电缆的芯线）的分类有：空芯铜管、实芯铜棒、铜包铝棒、铜包钢棒等几种。现在使用的为以下几种类型：干线传输运用的为铜包铝线，分支线和入户电缆运用的为铜包钢线。

（2）绝缘介质，即电缆中的锡纸层和泡沫层。

（3）外导体（就是电缆中的网线，术语为屏蔽层）分为：金属管状（一般为铝管）、金属带装（一般为铝带缠绕）、编织网（一般为铝镁合金的编织网线）。

特性：抗击外界干扰，防止电缆信号的泄漏。

（4）护套，即电缆的外皮。

2. 同轴电缆的分类及命名方式

（1）干线电缆：运用的为－9 电缆 ［－5，－7，－9 表示的是同轴线缆内芯线直径单位（MM）］，其电缆的外径为 9mm。

（2）支线电缆：运用的为－7 电缆，其电缆的外径为 7mm。

（3）用户分配电缆：运用的为－5 电缆，其电缆的外径为 5mm。

二、同轴电缆的特性

（1）电缆的特性阻抗为 75Ω。

（2）衰减特性：频率越高，衰减越大；频率越低，衰减越小。

例：750M 系统下对于最高频率（即现在运用的系统网络）：

－9 电缆每米衰减为 0.09db；

－7 电缆每米衰减为 0.11db；

－5 电缆每米衰减为 0.15db。

（3）温度变化对电缆的衰减特性：温度越高，衰减越大；温度越低，衰减减小。温度升高一度，电缆的衰减量在原有的基础上增加 0.002dB/m。

（4）电缆的使用期限：当电缆的衰减高于正常衰减值的 10％～15％时应更换电缆，通常使用期限为 7～20 年。

三、有线电视网络中的应用器材

1. 分支器

由一个输入端（分支器上为 IN）、一个主输出端（分支器上为 OUT）和多个分支端（分支器上为 BR）组成。现在所使用的分支器主要为 1、2、3、4 分支器。分支端输出衰减有大小之分，共有 06、08、10、12、14 等几种衰减。其主输出端的衰减为 2db。

2. 分配器

分配器是有一个输入端（IN）和若干个均等衰减的输出端（OUT）。现在使用的为 2、3、4 分配器 3 种。204 的输出端的衰减为 4db；306 的输出端衰减为 6.5db；408 的输出端衰减为 8db。

3. 放大器

放大器的作用是将电缆的衰减进行放大补偿。放大器分为 60V 内供电和 220V 市电两种。网络现用的以 60V 内供电为主。所使用的放大器基本上由增益调节部分、均衡调部分和电源部分组成。

（1）增益调节部分其作用是放大输入信号的强度。使信号输出值达到所需要的电平值。要求放大器的输出值为 94～100db。

（2）均衡调节部分其作用是将输入信号值最高端的信号（代表频道 22）值和最低端的信号（代表频道 1）值之间的差距调平整。使输出的信号值高低端的平整度达到我们设计的要求。要求 1 频道的输出信号要比 22 频道输出信号低 5db 左右的斜率。

（3）电源部分：使用的放大器有线性电源（也就是变压器）和开关电源两种。

4. 光接收机

光接收机的作用是将光信号转变成电信号。光接收机分为 60V 供电和 220V 供电，其内部构造大体和放大器内部构造一致。

5. 供电器

供电器的作用是将 220V 市电转变成 60V 交流电输出的设备。供电器选用的是内置开关的类型（也就是电源开关在供电器防雨壳内部）。供电器表面有两路输出口，相对应每一个输出口都有一个供电的保险管。如只需要一路供电的，将该路保险管安装上即可供电。建议将不供电的输出端保险管拔下，并做好防水。

四、干线传输的调试

干线传输系统的调试程序：调试前应先仔细阅读所有器件的使用说明书。调整时先调整电源部分使放大器和光接收机能正常工作，然后再调整光接收机、放大器逐级向远端调试。

（1）电源部分的调整。首先检查电源部分安装、接电是否正常，有无接触不良的情况；然后，检查供电器件是否正常工作，有无短路情况，检测供电设备输出电压是否正常。

（2）按照设计要求的输入、输出的信号值来调整均衡和衰减部分，使其达到设计要求。

（3）抽查测量用户端的信号值，测量其是否在设计要求范围之内。有些特殊的用户比如一些老的电视高于 60db 就无法收视。再如松下的电视机，信号低于 80db 也无法正常收视。此类特殊情况要根据电视的收视效果来设定入户的信号值。

实训 3：干线放大器及延长放大器安装

1. 实训目的

实训的目的是增强对有线电视系统干线传输部分的安装接线能力，以及干线信号的处理与检测能力。

2. 实训内容

实训内容为利用双向干线放大器、单向干线放大器、信号测试仪等器件测试每个器件接入传输线路中的信号变化情况并填入表 7-2。

表 7-2   器 材 参 数 统 计 表

序号	使用器件	输入信号强度	输出信号强度

3. 实训器件

实训器件包括双向干线放大器、单向干线放大器、信号测试仪等器件。

4. 完成以下内容实验报告

你认为，在什么情况下能收看到清楚的节目，在什么情况下看不到节目信号？为什么？

你认为，在什么情况下能看到两个信号节目，在什么情况下看不能看到任何节目？为什么？

实训 4：同轴线缆 F 头的制作

1. 实训目的

制作 F 头，锻炼工程实践能力，提高动手能力。

2. 实训内容

实训内容为做两条 0.5m 同轴 F 头射频线。

3. 实训器件

实训器件为同轴线 0.5m 两条、FI 头 4 个、压紧圈 4 个、美工刀 1 把、尖嘴钳 1 把。

4. 操作方法

操作方法为中间的铜芯长度千万不要超过 1cm，太长将造成高频头、机器短路而烧毁；套上同轴线缆 F 头，顺时针用力拧到露出中间的铜芯为止，同轴线缆 F 头如图 7-9 所示。

图 7-9　同轴线缆 F 头

第三节　故　障　排　查

有线网络故障大多不发生在白天，只发生在夜间，这样就会给维修工作带来难度。维修人员必须具备有线网络夜间故障的分析能力和排除能力。下面结合几例有线网络夜间故障，谈谈夜间故障的排除方法。

例一：某用户反映白天电视图像正常，一到晚上电视图像就不清。

检查与分析：晚上测试该区域放大器输入信号正常输出信号几乎没有放大。更换一新放大器，输出信号也没有放大。再测试供电电压，只有 160V 左右。由此判断电压降低是影响放大器正常工作的原因。

检修小结：对放大器的供给电源情况，必须有所了解，有所选择。一般情况下，放大器供给电源最好接在供电主线路上，避免电压过低、电压不稳和空气开关跳闸，保证放大器正常工作。开关电源和线性电源为较常使用的两种电源方式，这两种电源对于电压的要求是不一样的。根据网络的实际情况开关电源要求的最低工作电压为 40V，线性电源要求的最低工作电压不应低于 36V。

例二：某用户晚上电视图像有上下移动的水平黑白横条干扰，持续时间一个多小时，白天横条干扰自动消失。

检查与分析：从表面上看是系统进入 50Hz 交流成分。这时用带屏幕的场强仪监测。检测时可分别断开某相关支线电缆，当脱开某条电缆时干扰自动消失，可沿此条电缆及用户分配系统走线仔细查看，直到找到干扰用户。晚上通过这种方法检测，发现干扰来自某一户。进入该用户家中，发现该用户家人正在使用电脑，是通过 CATV 系统查看股票行情。拔下电脑射频线，检测射频线带电，判断电脑漏电，并进入 CATV 系统。将电脑电源线拔下，再查看该小区 CATV 系统，干扰自动消失。据了解该用户每天晚上查看股票行情，持续时间一个多小时。解决办法是将电脑地线直接接地，不具备地线用户可将电脑地线悬空；电脑射频线不能直接插在电视用户盒上，要用分支器连接。

检查小结：随着 CATV 技术的迅速发展，计算机溶接入有线网的用户越来越多，计算机产生噪波干扰现象时有发生，后果不但严重，而且查找也十分困难。这就要求一方面加强进入 CATV 系统计算机用户有关 CATV 网络知识的宣传；另一方面应采用相应的方法抑制这类特殊的干扰进入网络中，提高高速宽带多媒体数据入网的传输质量。

例三：秋天用户白天图像正常，一到晚上图像就出现许多细条纹、网纹。

检查与分析：这个村线路是由五级干放组成的线路。晚上检查发现从第三级线放输出信号变坏。测试第三级线放输入信号正常，供电电压也正常。更换一新放大器，输出信号仍然不好。根据电视图像有许多细条纹和网纹现象，估计问题出在各放大器增益、平坦度和反射损耗等技术指标不协调上。白天对各放大器输入、输出电平重新按标准进行一遍调整。晚上电视图像恢复正常，以后再没有发生此现象。

检修小结：这种现象主要原因是昼夜温差变化大引起放大器之间各项技术指标不协调，还有原因是放大器级数太多。这就要求每年要定时对线路进行调整，并记录各项指标，以便查对，消除温差对线路造成的影响。

总之，CATV 夜间故障产生原因有各种各样，不便一一列举，但是多半是由下列原因造成：温差过大、偷接、电磁波干扰、市电（路灯、霓虹灯）进入 CATV 网络、供电电压过低、电视和电脑漏电、线路不匹配、屏蔽不好等。CATV 夜间故障维修困难，但是认真思考与检测，一定能及时排除。

实训 5：系统的设计与连接

如图 7-10 和图 7-11 所示是两种有线电视传输连接方式，可供参考。

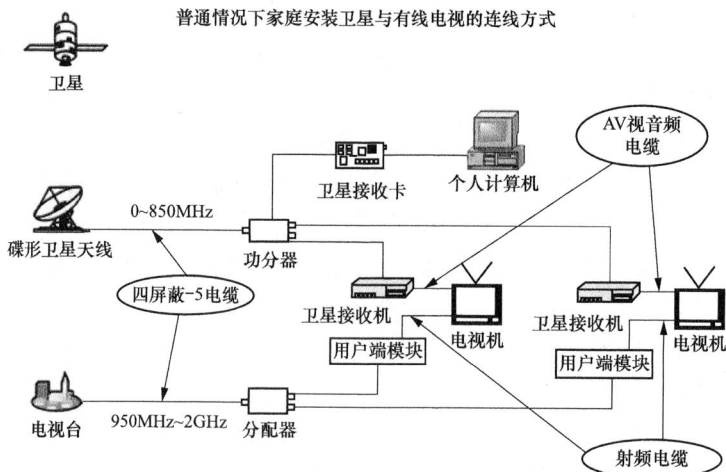

图 7-10　连接方式图

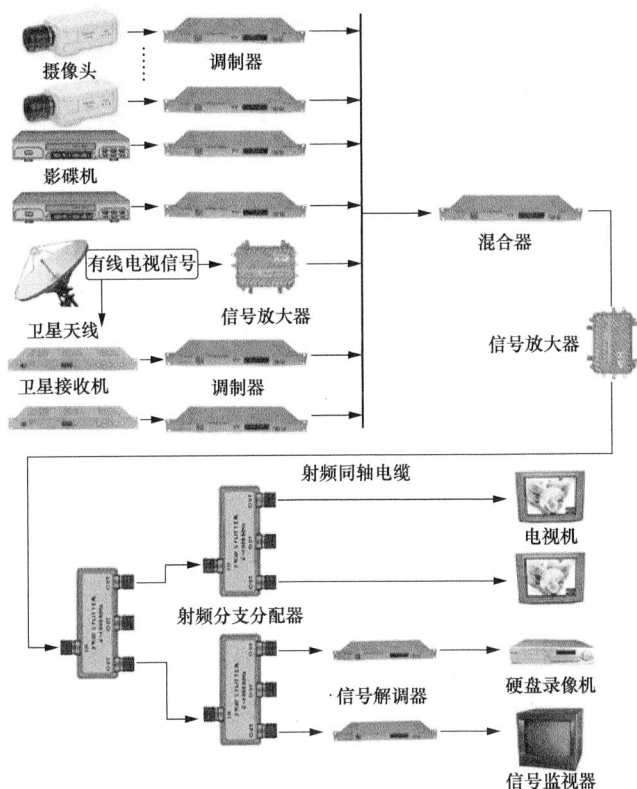

图 7-11 连接方式图

1. 实验目的

了解卫星有线电视系统的线路连接关系、传输原理，训练实战接线能力，学会简单系统的设计与安装方法。

2. 实验设备

实验设备包括有线电视系统实验台（全频道捷变型邻频调制器、全频道捷变式解调器、放大器、衰减器、DVD 视频源、各式分配器，以及各种分支器、高清彩电、彩色枪式摄像机）。

3. 实验步骤

把总电源关闭并把所有故障设置开关置于"断"，将有线电视系统用连接线接好，请指导教师检查无误后打开总电源开关和备用电源开关，验证该系统是否与原先内部接线时一致，并将验证的内容写入实验报告问题。

从监视系统实验视频源取一些元件设计一个简易系统，并用连接同轴线将相关的器件连接起来。回答实验报告问题。

4. 实验报告

（1）接线完成后你做过哪些验证项目，结果怎样？

（2）请写出你使用了哪些元件，画出所设计的简易接线图并写出整个设计接线的步骤？接线完成后你是怎样验证系统能正常工作的？

第八章 园区网络系统集成

一、集成的概念

1. 集成定义

集成指一些孤立的事物或元素通过某种方式改变原有的分散状态集中在一起，产生联系，从而构成一个有机整体的过程。

2. 系统集成优点

（1）责任的单一性。

（2）用户需求能得到最大限度的满足。

（3）系统内部的一致性能得到最大限度的满足。

（4）系统集成商能保证用户得到最好的解决方案。

3. 系统集成分类

（1）软件集成。软件集成指为某特定的应用环境架构的工作平台，是为某一特定应用环境提供要解决问题的架构软件的相互接口，为提高工作效率而创造的软件环境。

（2）硬件集成。硬件集成是把各个硬件设备子系统集成起来，以达到或超过系统设计的性能技术指标。

（3）网络系统集成。网络系统集成工程项目是在坚持实用性、先进性、成熟性、标准性、经济性、安全性、可靠性、开放性、可扩充性的原则下，进行网络工程的规划和实施；决定网络的拓扑，向用户提供完善的系统布线解决方案；进行网络综合布线系统的设计、施工、测试；计算机设备的安装调试；网络系统的应用、管理；应用软件的开发、系统维护等。

二、网络系统集成

1. 网络建设的步骤

计算机网络的建设是一项庞大的技术性很强的综合工程，一般需要经过：网络调研、系统设计、可行性分析、设备选型和工程招标、硬件施工、软件环境的建立、人员培训、联调测试、系统验收九个阶段。

2. 网络系统集成的原则

（1）对拟建立的计算机网络信息系统，应根据建设目标，按整体到局部，自上而下进行规划、设计；以"实用，够用，好用"为指导思想，并遵从以下原则：

1）开放性标准化原则。

2）先进性原则。

3）可靠性和安全性原则。

4）灵活性和可扩展性原则。

5）经济性和实用性。

其一：不要盲目追求最新的设备。

其二：目前硬件的发展远远快于软件的发展，64 位的 CPU 早已出现，而为之开发的操作系统和应用软件却迟迟不能提供,"大马拉小车"的现象到处存在。

其三:用户计算机应用水平的参差不齐也会降低设备的利用率。

(2)具体技术要求如下:

1)网络具有传递语音、图形、图像等多种信息媒体功能,具备性能优越的资源共享功能。

2)计算机网络中各终端间具有快速交换功能。

3)中心系统交换机采用虚拟网技术对网络用户具有分类控制功能。

4)对网络资源的访问提供完善的权限控制。

5)网络具有防止及便于捕杀病毒功能,保证网络使用安全。

6)网络与 Internet 相连后具有"防火墙"过滤功能,以防止网络黑客入侵网络系统。

7)可对接入 Internet 的各网络用户进行权限控制。

3. 网络规划及工程方案设计

网络规划需要进行的主要工作包括:

(1)网络需求分析:包括环境分析、业务需求分析、管理需求分析、安全需求分析。

(2)网络规模与结构分析:包括确定网络规模、拓扑结构分析、与外部网络互联方案。

(3)网络扩展性分析通过科学合理的规划能够取得用最低的成本建立最佳的网络,达到最高的性能,提供最优的服务等完美效果。

4. 网络需求分析和可行性分析

网络需求分析就是了解局域网用户现在想要实现什么功能、未来需要什么功能,依据计算机网络建设的方向、原则、作用,制定建设计算机网络规划,根据单位的需求,做出规划书,为网络设计提供必要的条件。

实操:设备的安装与调试

某学区有一个学生宿舍(PC0)、一个职工宿舍(PC1)和一个教室(PC2),要求这 3 台电脑均能够访问 Web(IP:202.128.1.2)和 Web2(IP:202.128.4.2)的网址,同时全网互通,某学区网络拓扑图如图 8-1 所示。

添加设备:拖拽出 3 台 2811 路由器,其中 1 台 2811 路由代替防火墙,2 台三层交换机,1 台无线路由,3 台服务器和 3 台电脑。

要求:PC2 与无线路由器通过无线网络相连,防火墙与路由器之间使用串口线相连,以路由器端为时钟端,在 Switch0 中设置 DHCP,在 Switch0 和 Switch1 中设置默认路由,全网设置静态路由。

配置命令如下:

```
Switch0
Switch>enable
Switch#config terminal
Switch(config)#VLAN 10
Switch(config-VLAN)#exit
Switch(config)#VLAN 20
Switch(config-VLAN)#exit
```

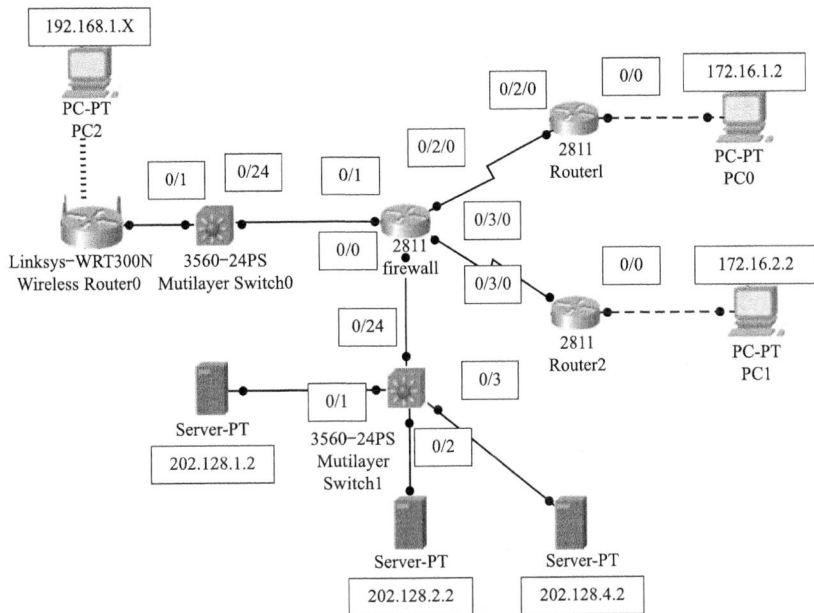

图 8-1 某学区网络拓扑图

Switch(config)#interface f0/1

Switch(config-if)#switchport access VLAN 10

Switch(config-if)#exit

Switch(config)#interface f0/24

Switch(config-if)#switchport access VLAN 20

Switch(config-if)#exit

Switch(config)#interface VLAN 10

Switch(config-if)#IP address 192. 168. 1. 1 255. 255. 255. 0

Switch(config-if)#no shutdown

Switch(config)#interface VLAN 20

Switch(config-if)#IP address 192. 168. 2. 1 255. 255. 255. 0

Switch(config-if)#no shutdown

Switch(config)#IP DHCP pool 10   ！设置一个名为 10 的池

Switch(DHCP-config)#network 192. 168. 1. 0 255. 255. 255. 0

                                        ！指定 dhcp 地址池的 IP，子网掩码

Switch(DHCP-config)#default-router 192. 168. 1. 1   ！设置网关

Switch(DHCP-config)#DNS-server 202. 128. 2. 2   ！设置 DNS

Switch(DHCP-config)#exit

Switch(config)#IP route 0. 0. 0. 0 0. 0. 0. 0 192. 168. 2. 2   ！设置默认路由

Switch(config)#

Firewall：

Router>enable

Router # config terminal

Router(config) # interface f0/1

Router(config-if) # IP address 192. 168. 2. 2 255. 255. 255. 0

Router(config-if) # no shutdown

Router(config-if) # exit

Router(config) # interface f0/0

Router(config-if) # IP address 202. 128. 3. 2 255. 255. 255. 0

Router(config-if) # no shutdown

Router(config-if) # exit

Router(config) # interface s0/2/0

Router(config-if) # IP address 222. 222. 1. 1 255. 255. 255. 0

Router(config-if) # no shutdown

Router(config-if) # exit

Router(config) # interface s0/3/0

Router(config-if) # IP address 222. 222. 2. 1 255. 255. 255. 0

Router(config-if) # no shutdown

Router(config) # interface s0/2/0

Router(config-if) # encapsulation ppp   ！开启封装协议 ppp

Router(config-if) # no shutdown   ！开启端口

Router(config) # IP route 192. 168. 1. 0 255. 255. 255. 0 192. 168. 2. 1

！设置静态路由

Router(config) # IP route 172. 16. 1. 0 255. 255. 255. 0 222. 222. 1. 2

！设置静态路由

Router(config) # IP route 172. 16. 2. 0 255. 255. 255. 0 222. 222. 2. 2

Router(config) # IP route 202. 128. 1. 0 255. 255. 255. 0 202. 128. 3. 1

Router(config) # IP route 202. 128. 2. 0 255. 255. 255. 0 202. 128. 3. 1

Router(config) # IP route 202. 128. 4. 0 255. 255. 255. 0 202. 128. 3. 1

Switch1：

Switch > enable

Switch # config terminal

Switch(config) # VLAN 30

Switch(config-VLAN) # exit

Switch(config) # VLAN 40

Switch(config-VLAN) # exit

Switch(config) # VLAN 50

Switch(config-VLAN) # exit

Switch(config) # interf f0/1

Switch(config-if) # switchport accessVLAN 30

Switch(config-if) # exit

```
Switch(config)#interface f0/2
Switch(config-if)#switchport accessVLAN 40
Switch(config-if)#exit
Switch(config)#interface f0/24
Switch(config-if)#switchport access VLAN 50
Switch(config-if)#exit
Switch(config)#interface VLAN 30
Switch(config-if)#IP address 202.128.1.1 255.255.255.0
Switch(config-if)#no shutdown
Switch(config-if)#exit
Switch(config)#interface VLAN 40
Switch(config-if)#IP address 202.128.2.1 255.255.255.0
Switch(config-if)#no shutdown
Switch(config-if)#exit
Switch(config)#interface VLAN 50
Switch(config-if)#IP address 202.128.3.1 255.255.255.0
Switch(config-if)#no shutdown
Switch(config)#IP route 0.0.0.0 0.0.0.0 202.128.3.2    ! 设置默认路由
Switch(config)#VLAN 60
Switch(config-VLAN)#exit
Switch(config)#interface f0/3
Switch(config-if)#switchport access VLAN 60
Switch(config-if)#exit
Switch(config)#interface VLAN 60
Switch(config-if)#IP address 202.128.4.1 255.255.255.0
Switch(config-if)#no shutdown
Router1：
Router>enable
Router#config terminal
Router(config)#interface s0/2/0
Router(config-if)#IP address 222.222.1.2 255.255.255.0
Router(config-if)#no shutdown
Router(config-if)#exit
Router(config)#interface f0/0
Router(config-if)#IP address 172.16.1.1 255.255.255.0
Router(config-if)#no shutdown
Router(config)#interface s0/2/0
Router(config-if)#encapsulation ppp                    ! 开启封装协议 ppp
Router(config-if)#clock rate 250000                    ! 设置时钟速率为 250000
```

Router(config-if)♯no shutdown   ! 开启端口

Router(config)♯IP route 0.0.0.0 0.0.0.0 222.222.1.1   ! 设置默认路由

Router2：

Router＞enable

Router♯config terminal

Router(config)♯interface s0/3/0

Router(config-if)♯IP address 222.222.2.2 255.255.255.0

Router(config-if)♯no shutdown

Router(config-if)♯exit

Router(config)♯interface f0/0

Router(config-if)♯IP address 172.16.2.1 255.255.255.0

Router(config-if)♯no shutdown

Router(config)♯IP route 0.0.0.0 0.0.0.0 222.222.2.1   ! 设置默认路由

Router(config)♯interface s0/3/0

Router(config-if)♯clock rate 250000   ! 设置时钟速率为 250000

Router(config-if)♯no shutdown   ! 开启端口

无线路由设置参数如图 8-2 所示。

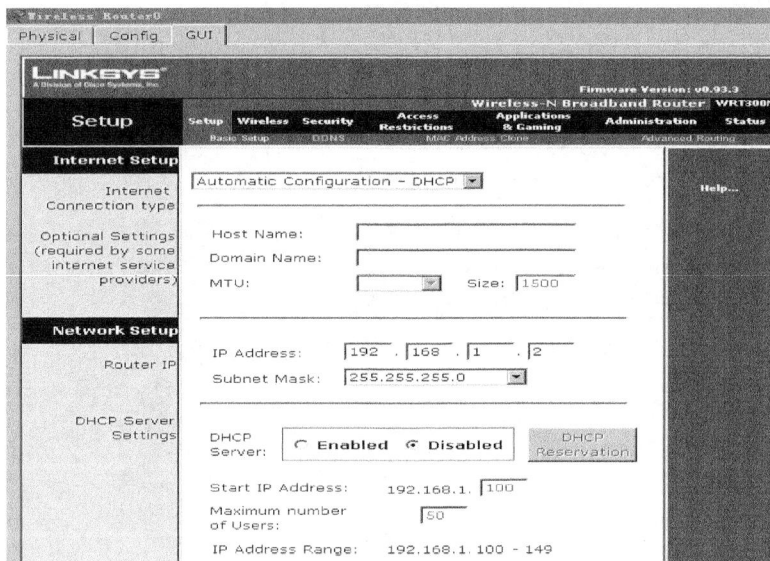

图 8-2　无线路由配置

PC2 的 IP 设置如图 8-3 所示。

Web 的 IP 设置如图 8-4 所示。

DNS 服务器的 IP 设置如图 8-5 所示。

Web2 的 IP 设置如图 8-6 所示。

PC0 的 IP 设置如图 8-7 所示。

PC1 的 IP 设置如图 8-8 所示。

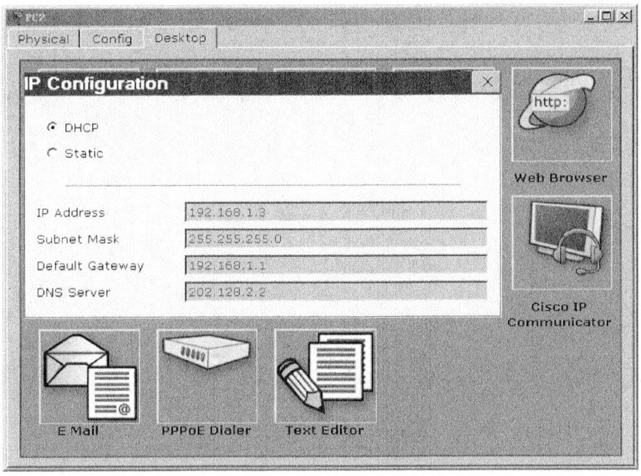

图 8-3 PC2 的 IP 设置

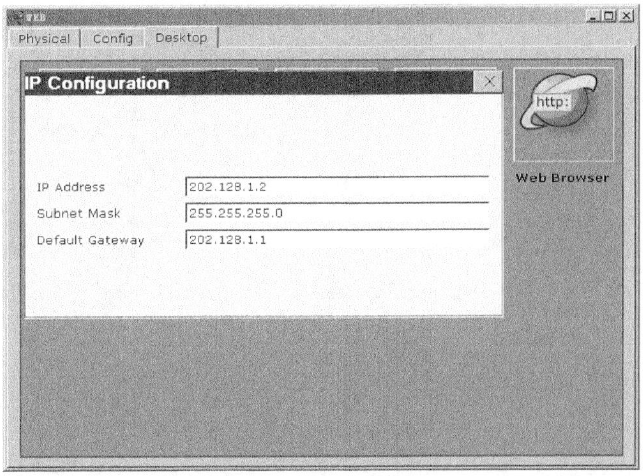

图 8-4 Web 的 IP 设置

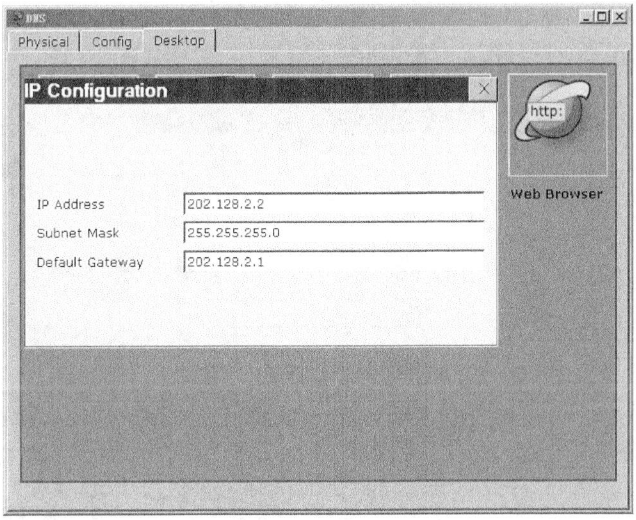

图 8-5 DNS 的 IP 设置

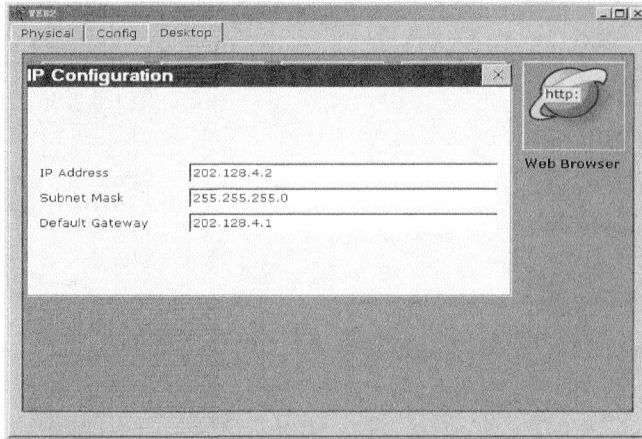

图 8-6　Web2 的 IP 设置

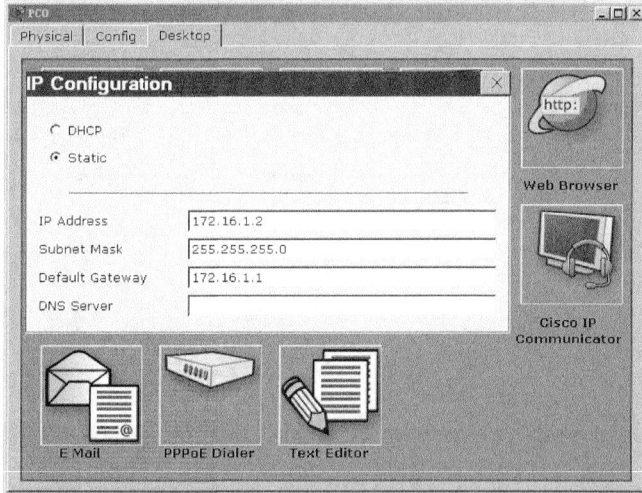

图 8-7　PC0 的 IP 设置

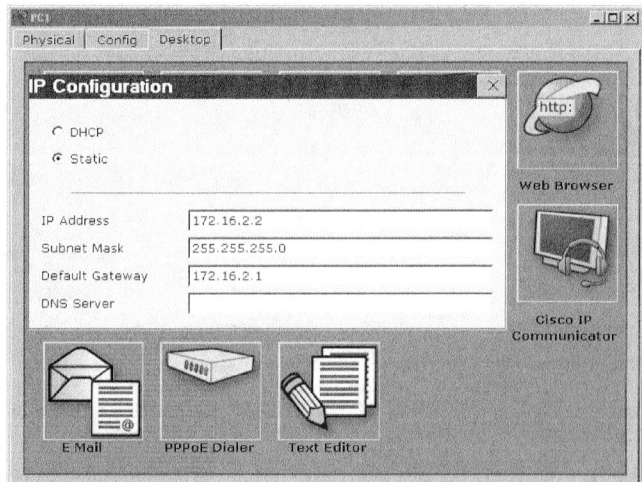

图 8-8　PC1 的 IP 设置

DNS 服务器设置，如图 8-9 所示。

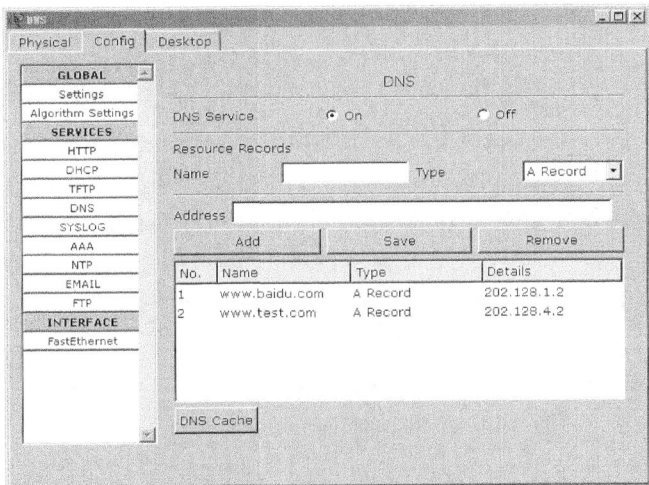

图 8-9　DNS 服务器设置

PC2 访问 Web 服务器并使用模拟器中的浏览器检测，如图 8-10 所示。

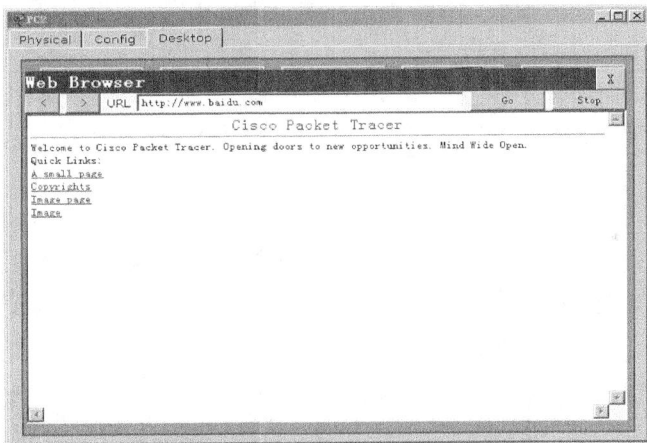

图 8-10　使用模拟器中的浏览器检测

PC2 检测 PC0 的连通性，如图 8-11 所示。

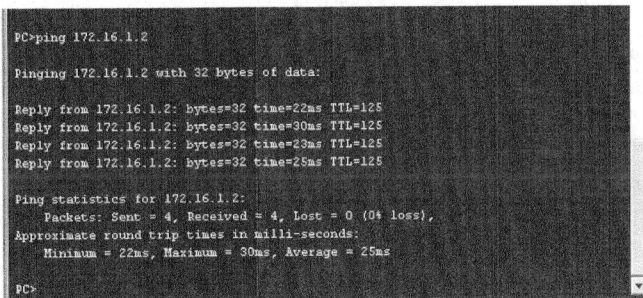

图 8-11　PC2 检测 PC0 的连通性

拓展：路由器模拟防火墙访问控制列表配置

访问控制列表（access control list，ACL）是路由器和交换机接口的指令列表，用来控制端口进出的数据包。告诉路由器哪些数据包可以接收、哪些数据包需要拒绝，保证网络资源不被非法使用和访问。ACL 适用于所有的被路由协议。

ACL 是保证网络安全最重要的核心策略之一，配置 ACL 后，可以限制网络流量，允许特定设备访问，指定转发特定端口数据包等。ACL 既可以在路由器上配置，也可以在具有 ACL 功能的业务软件上进行配置。ACL 涉及的技术也比较广，包括入网访问控制、网络权限控制、目录级控制以及属性控制等多种手段。

1. ACL 的作用

ACL 可以限制网络流量、提高网络性能。例如，ACL 可以根据数据包的协议，指定数据包的优先级。

ACL 提供对通信流量的控制手段。例如，ACL 可以限定或简化路由更新信息的长度，从而限制通过路由器某一网段的通信流量。

ACL 是提供网络安全访问的基本手段。ACL 允许主机 A 访问人力资源网络，而拒绝主机 B 访问。

ACL 可以在路由器端口处决定哪种类型的通信流量被转发或被阻塞。例如，用户可以允许 E-mail 通信流量被路由，拒绝所有的 Telnet 通信流量。

例如，某部门要求只能使用 特定 IP 访问服务器 这个功能，就可以通过 ACL 实现；又例如，为了某部门的保密性，不允许其访问外网，也不允许外网访问它，就可以通过 ACL 实现。

2. ACL 的执行过程

一个端口执行哪条 ACL，这需要按照列表中的条件语句执行顺序来判断。如果一个数据包的报头跟表中某个条件判断语句相匹配，那么后面的语句就将被忽略，不再进行检查。

数据包只有在跟第一个判断条件不匹配时，它才被交给 ACL 中的下一个条件判断语句进行比较。如果匹配（假设为允许发送），则不管是第一条还是最后一条语句，数据都会立即发送到目的接口。如果所有的 ACL 判断语句都检测完毕，仍没有匹配的语句出口，则该数据包将视为被拒绝而被丢弃。这里要注意，ACL 不能对本路由器产生的数据包进行控制。

如果设备使用了三态内容可寻址存储器 TCAM，比如 aute U3052 交换机，那么所有的 ACL 是并行执行的。举例来说，如果一个端口设定了多条 ACL 规则，并不是逐条匹配，而是一次执行所有 ACL 语句。

3. ACL 分类

ACL 目前有三种主要的 ACL：标准 ACL、扩展 ACL 及命名 ACL。其他的还有标准 MAC ACL、时间控制 ACL、以太协议 ACL、IPv6 ACL 等。

标准的 ACL 使用 1～99 以及 1300～1999 之间的数字作为表号，扩展的 ACL 使用 100～199 以及 2000～2699 之间的数字作为表号。

标准 ACL 可以阻止来自某一网络的所有通信流量，或者允许来自某一特定网络的所有通信流量，或者拒绝某一协议簇（比如 IP）的所有通信流量。

扩展 ACL 比标准 ACL 提供了更广泛的控制范围。例如，网络管理员如果希望做到"允许外来的 Web 通信流量通过，拒绝外来的 FTP 和 Telnet 等通信流量"，那么，可以使用扩展 ACL 来达到目的，标准 ACL 不能控制这么精确。

在标准与扩展访问控制列表中均要使用表号，而在命名访问控制列表中使用一个字母或数字组合的字符串来代替前面所使用的数字。使用命名访问控制列表可以用来删除某一条特定的控制条目，这样可以在使用过程中方便地进行修改。在使用命名访问控制列表时，要求路由器的 IOS 在 11.2 以上的版本，并且不能以同一名字命名多个 ACL，不同类型的 ACL 也不能使用相同的名字。

随着网络的发展和用户要求的变化，从 IOS 的 12.0 版本开始，思科（CISCO）路由器新增加了一种基于时间的访问列表。通过它，可以根据一天中的不同时间，或者根据一星期中的不同日期，或二者相结合来控制网络数据包的转发。这种基于时间的访问列表，就是在原来的标准访问列表和扩展访问列表中，加入有效的时间范围来更合理有效地控制网络。首先定义一个时间范围，然后在原来的各种访问列表的基础上应用它。

基于时间访问列表的设计中，用 time-range 命令来指定时间范围的名称，然后用 absolute 命令，或者一个或多个 periodic 命令来具体定义时间范围。

具体应用：利用路由器模拟防火墙做一些策略，在图 8-12 所示的 ACL 拓扑图中假设 PC0 为学生宿舍，PC1 为职工宿舍，要求学生宿舍不能访问网络，而职工宿舍可以访问网络，同时还要求学生宿舍的电脑可以与职工宿舍的电脑互通便于学生与老师随时沟通。

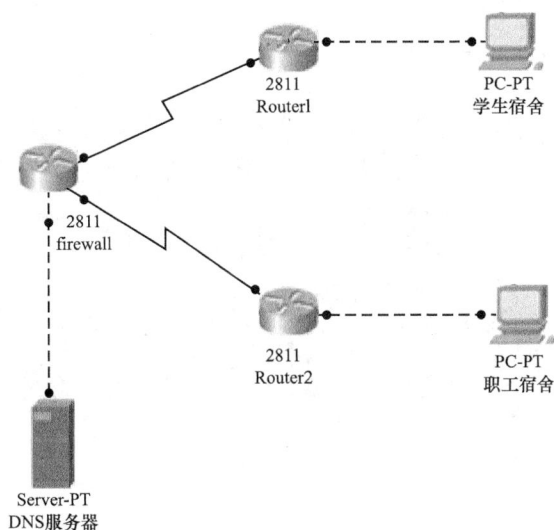

图 8-12 ACL 拓扑图

Router(config)＃access-list 1 deny 172.16.1.0 0.0.0.255 拒绝此 IP 访问
Router(config)＃access-list 1 permit 172.16.2.0 0.0.0.255 允许此地址访问
Router(config)＃in f0/0 进入 f0/0
Router(config-if)＃IP access-group 1 out 将列表1所定义的条件应用禁止从此接口出去
在没有设置 ACL 之前学生宿舍的电脑是可以访问服务器的，设置之后数据无法访问。如图 8-13 所示的学生宿舍 ping 命令。

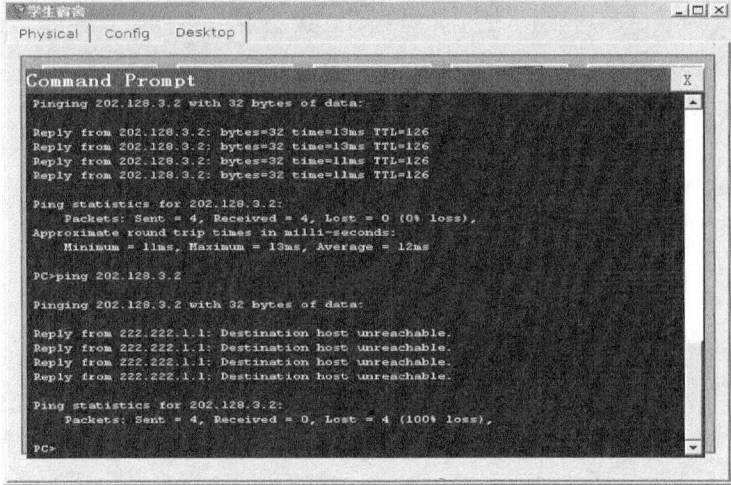

图 8-13　学生宿舍 ping 命令

　　在没有设置 ACL 之前职工宿舍的电脑是可以访问服务器的，设置之后数据依然可以访问。如图 8-14 所示的职工宿舍 ping 命令。

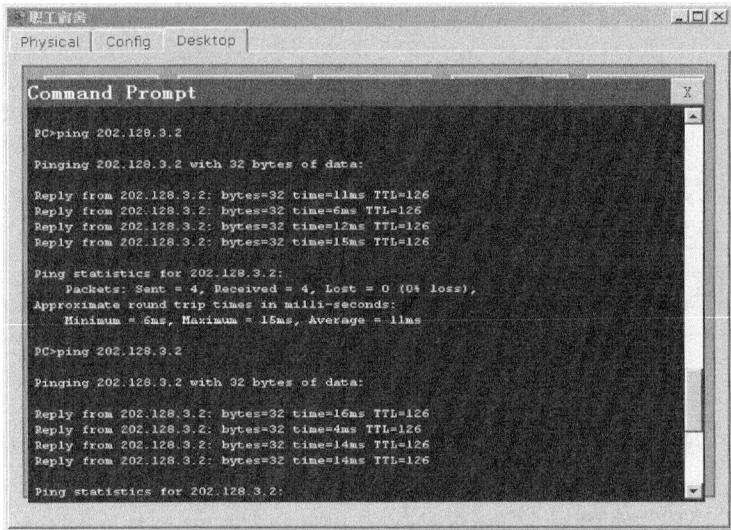

图 8-14　职工宿舍 ping 命令